품질관리 조직
실무능력개발 매뉴얼

효산경영연구소
지식·인력개발교육원

편창규

신간 실무능력개발 매뉴얼

* 경영기획 조직   * 경영관리 조직   * 인사관리 조직   * 영업관리 조직
* 마케팅전략 조직   * 회계관리 조직   * 재무관리 조직   * 총무관리 조직
* 고객관리 조직   * 구매관리 조직   * 생산관리 조직   * 품질관리 조직
* 기술개발 조직

머리말

저자가 직무분석 연구를 시작한 것은 산업교육 전문기관인 주)아시안컨설팅에 경영진단팀이 신설되고 이 팀의 책임자로 합류한 후 1991년 7월부터 92년 2월까지 7개월 동안 한국방송공사의 『KBS의 합리적 인원관리를 위한 직무분석』 연구를 시작하면서 부터이다.

이 후 1993년 1월 효산경영전략연구소(효산경영연구소 전신)를 설립한 후 쌍용자동차, DB손해보험(구 동부화재), KDB생명(구 금호생명), 효성생활산업(효성에 합병), 기아정기(현대모비스에 합병), 한국프랜지, 한국유리공업, 인천국제공항공사, 한국산업인력공단, 한국도로공사, 공무원연금공단, 국민연금공단, 한수자원연구원, 한국전력연구원, 일산병원, 한국가스안전공사 등에 대한 직무분석 연구를 수행하였으며, 최근에는 순천대학교 『에너지자동화사업단 전기전자공학부 교과과정 개선을 위한 직무분석 연구』를 수행하였다.

강산이 3번쯤 바뀌는 27년 동안 책임연구원으로 직무분석(조직설계, 정원산정, 인사제도 설계)연구와 경영진단, 경영평가 연구를 수행하여 왔으니 때로는 직무분석 전문가가 아니라 道人(도인)이 된 것 같은 착각과 환상에 젖는 경우도 있었던 것 같다.

오랜 기간 동안 직무분석 연구를 통해 용역수행 기업에는 기업성장과 인적자원관리 제도발전에 많은 도움을 주었다고 자부할 수 있으나 조직원에게는 어떤 도움과 영향을 주었을까?

머리말

직무분석 연구결과 활용으로 설계된 신조직이 안정되고, 표준직무에 따라 적정정원이 성과지향적인 역할을 효율적으로 수행하여 기업이 성장·발전하게 되면 조직원들의 귀속성과 직무만족도가 향상되었을까?

혹시 직무분석 연구결과로 산출되는 신조직구조, 신직무편재, 정원재조정, 직무가치 중심의 성과관리로 인해 업무활동을 더 힘들게 하지는 않았을까?

이러한 조바심이 들면서 그동안 연구한 직무분석 결과를 활용하여 조직원들에게 도움을 줄 수 있는 방법은 없을까를 고민하던 중, 조직원들의 직무능력개발과 실무적응력을 향상시킬 수 있는 교육프로그램을 설계한 후, 교육교안으로 본서를 저술하였다.

실무능력개발을 지원하는 온라인교육과 실무방법을 첨삭지도 하는 오프라인 교육을 위해 1차로 3개 직종(관리, 영업, 생산), 13개 조직(경영기획, 경영관리, 인사관리, 총무관리, 영업관리, 마케팅전략, 고객관리, 재무관리, 회계관리, 구매관리, 생산기술, 품질관리, 생산관리)에 대한 교육프로그램을 운영하게 된다.

본서는 기업조직에서 직무수행에 필요한 조직구조, 조직기능, 조직역할, 타 조직과의 업무협업, 표준직무, 직무목표에 대한 학습내용과 업무방법, 업무지식, 실무능력, 업무행동 개발방법이 구성되어 있다.

이러한 관점으로 저술된 본서는 Ⅰ장에서 산업환경 변화와 기업인재상, Ⅱ장은 조직기능과 편재직무, Ⅲ장 직무수행능력 관리, Ⅳ장 핵심직무 실무능력개발, Ⅴ장 조직행동과 직무적성관리, Ⅵ장 학습내용 평가로 저술되어 있다.

특히 Ⅳ장에는 조직별로 가장 핵심적이고 중요시 되는 실행업무

4~5개를 선정하여 "업무과제, 업무목표, 업무절차, 업무방법, 업무역할, 업무성과" 내용이 저술되어 있으므로 관련내용을 학습할 경우 실무능력이 우수한 인적자원으로 성장·발전할 수 있도록 하였다.

본서를 활용하여 온라인교육 과정에 참여할 경우에는 실무능력개발을 위한 사전 예비학습이 필요하다. 예비학습 방법으로는 본서의 Ⅱ장과 Ⅲ장에 구성되어 있는 조직기능과 편재직무, 직무수행능력 관리 내용을 1회이상 필독하여 표준직무, 업무프로세스 업무역할, 업무역량에 대한 기초 개념이 이해되도록 한다.

조직별 표준직무에 대한 기초개념이 정립되지 않은 상태에서 온라인교육을 이수할 경우 지식습득은 가능하나 체험·숙련·응용능력이 개발되지 않아 조직에 편재된 직무수행(방법, 역할, 능력, 성과)에 필요한 실무능력개발 학습이 어렵기 때문이다.

한편 본서를 활용하여 온라인교육에 참여하지 않고 자기 학습할 경우에는 예비학습 대신 학습단계를 1차 학습과 2차 학습단계로 구분하여 학습하는 것이 효과적이다.

1차 학습단계에는 본서에서 표현되는 용어들이 이해될 수 있도록 개념중심의 학습을 이행한 후, 2차 학습단계에서 조직별로 편재된 표준직무의 이해(목표, 성과)와 업무흐름, 업무역할, 업무방법을 학습하기를 권한다.

학습방법의 선택은 독자들의 몫일 수 있으나 본서가 지향하는 학습내용은 조직별로 업무역할에 대한 이해와 업무성과를 달성하는데 필요한 실무능력개발에 목표를 두고 있으므로 이러한 교육효과를 나타내는 학습방법의 선택이 중요하다.

머리말

그리고 본서를 활용하여 취업에 필요한 실무능력을 개발할 경우에는 본서의 자매 서적으로 취업희망 직업분야 선택에 도움을 주는 참조 도서인 "the Job 오케스트라"와 직종·직렬별 직무분야와 업무역할 안내 도서인 "취업 & 직무능력개발 어떻게 할 것인가?"를 활용하여 취업방향 탐색 즉, 취업희망(성장 잠재력)분야 선정과 직무분야를 선택한 후, 취업에 필요한 실무능력을 개발하여야 한다.

만일 취업희망 분야와 실무능력개발 분야가 다를 경우 특정분야의 실무능력을 갖추고서도 타 분야에 취업을 희망한다면 실무면접에서 좋은 평가를 받을 수 없기 때문이다.

따라서 취업에 성공하기 위해서는

1단계로 미래성장 산업분야를 탐색하여 선택한 후,

2단계에서 적성과 인성에 적합한 취업희망 직무분야를 선정하고

3단계에서 취업희망 직무(조직)분야의 실무능력을 개발하여 취업 경쟁력을 향상 시켜야 한다.

끝으로 본서의 저술목적에 부합되는 학습방법 선택으로 독자들의 학습목적이 성취되기를 기원한다.

감사합니다.

2018. 6. 28

편 창 규

- 목 차 -

Ⅰ. 산업환경 변화와 기업인재상

1. 산업환경 ··· 9
   1.1 산업환경 변화 ·· 9
      가. 연대별 국내 산업성장 동향 ··· 9
      나. 산업성장 패러다임 변화 ·· 10
   1.2 인적자원변화 ·· 12
      가. 인적자원관리 ·· 12
      나. 인적자원모집 ·· 12
      다. 인적자원관리 환경 ·· 12
   1.3 인력관리 패러다임 변화 ·· 13
      가. 글로벌 인재육성 ·· 13
      나. 직무역량 전문화 관리 ·· 14
2. 기업인재상 ··· 14
   2.1 대기업 인재상 ·· 15
   2.2 중소기업 인재상 ·· 15
   2.3 기업인재상 관리모델 ·· 15
3. 직무역량관리 ··· 16
   3.1 기업정보관리 ·· 17
      가. 기초정보 ·· 17
      나. 경영정보 ·· 17
      다. 직무정보 ·· 17
   3.2 자기점검관리 ·· 17

목 차

      가. 직무선호도 ·· 17
      나. 직무역량 ·· 17
      다. 기업적합도 ·· 18
    3.3 직무역량관리 ·· 18
      가. 목표직무 요건 준비 ·· 18
      나. 직무기초능력 학습 ·· 18
    3.4 자기 이미지 관리 ·· 18
4. 학습내용 평가 ·· 20

Ⅱ. 조직기능과 편재직무

1. 조직기능과 구조 ·· 21
    1.1 조직기능 ·· 21
    1.2 조직구조 ·· 22
2. 조직의 직무편재 ·· 24
    2.1 표준직무 편재 ·· 24
      가. 편재직무 특성과 역할 ·· 26
      나. 표준직무 편재내용 ·· 27
3. 학습내용 평가 ·· 29

Ⅲ. 직무수행능력 관리

1. 직무수행요건 ·· 31
    1.1 직무가치 ·· 31
    1.2 직무지식과 실무능력 ·· 32
      가. 직무지식 관리 ·· 32

나. 실무능력관리 ·· 33
　　　다. 업무역량과 업무 행동관리 ·· 33
　　1.3 조직몰입도 관리 ·· 34
　　　가. 조직몰입도 관리항목 ·· 34
　　　나. 조직몰입도 영향요인 ·· 35
2. 직무능력 학습 ··· 38
3. 학습내용 평가 ··· 40

Ⅳ. 핵심직무 실무능력개발

1. 품질관리 ··· 43
　　1.1 품질관리 과제 ·· 43
　　1.2 품질관리 내용 ·· 44
　　1.3 품질관리 역할 ·· 46
2. 공정 품질관리 ··· 47
　　2.1 공정 품질관리 ·· 47
　　2.2 공정 품질관리 시스템 ·· 47
　　2.3 공정품질 검사 ·· 49
　　2.4 외주품 품질관리 ·· 52
　　　가. 검사 결과 처리 ·· 54
3. 품질 보증 관리 ··· 55
　　3.1 품질 보증 관리 ·· 55
　　3.2 제품 품질 관리 ·· 58
　　　가. 초기 품질 관리 ·· 58
　　　나. 제품 품질 검사 ·· 59

목 차

　　　다. 제품 클레임 처리 ··· 62
4. 개발제품 품질관리 ··· 66
　　4.1 개발제품 품질 표준 관리 ·· 66
　　4.2 제품 개발 단계별 품질관리 ·· 69
　　　가. 제품 설계 품질관리 ·· 69
　　　나. 개발 공정 품질관리 ·· 72
5. 학습내용 평가 ··· 75

Ⅴ. 조직행동과 직무적성관리

1. 조직행동관리 ··· 79
　　1.1 직무적응력 관리 ·· 79
　　　가. 직무적응력 개발 ·· 79
　　　나. 직무적응력 향상과제 ·· 80
　　　다. 계층별 직무적응력 ·· 80
　　　라. 핵심직무 적응력 관리 ·· 81
　　1.2 업무동기관리 ·· 82
2. 직무적성관리 ··· 85
3. 학습내용 평가 ··· 87

Ⅵ. 학습내용 평가

1. 학습내용 평가관리 ··· 89
2. 평가결과 활용 ··· 90
3. 학습내용 평가 정답 ··· 91

Ⅰ. 산업환경 변화와 기업인재상

1. 산업환경

1.1 산업환경과 변화

□ 산업성장성과 라이프사이클 및 경영패러다임 변화에 따라 새로운 직업이 분화되면서 채용분야 및 규모가 결정되어 왔음

가. 연대별 국내 산업성장 동향

□ 1980년대 기초소재 산업성장
- 경공업, 기계, 철강, 전기, 화학, 건축, 토목 산업 발달

□ 1990년대 기술집약적 산업성장
- 중화학, 정밀기계, 석유화학, 금속가공, 조선, 전자, 전기, 가전, 건설플랜트, 자동차 산업 발달

□ 2000년대 지식집약적 산업성장
- 서비스, 정보통신, 반도체, 사회·문화·예술, 금융·보험 산업 발달

□ 2010년대 IT기반의 정보네트워크 산업성장
- 신소재, 게임 및 연예오락, 기술 융·복합, 생명공학, 항공, 에너지, 지식기반 서비스산업 발달

□ 2020년대 인공지능 테크놀로지 산업성장
- 생명공학, 로봇, 우주항공, 개인 서비스산업 성장 예측

I. 산업환경 변화와 기업인재상

나. 산업성장 패러다임 변화

□ 산업기술의 발전과 소비자 생활패턴의 다양화에 따라 사업관리 역할의 다원화가 추진되고 있음

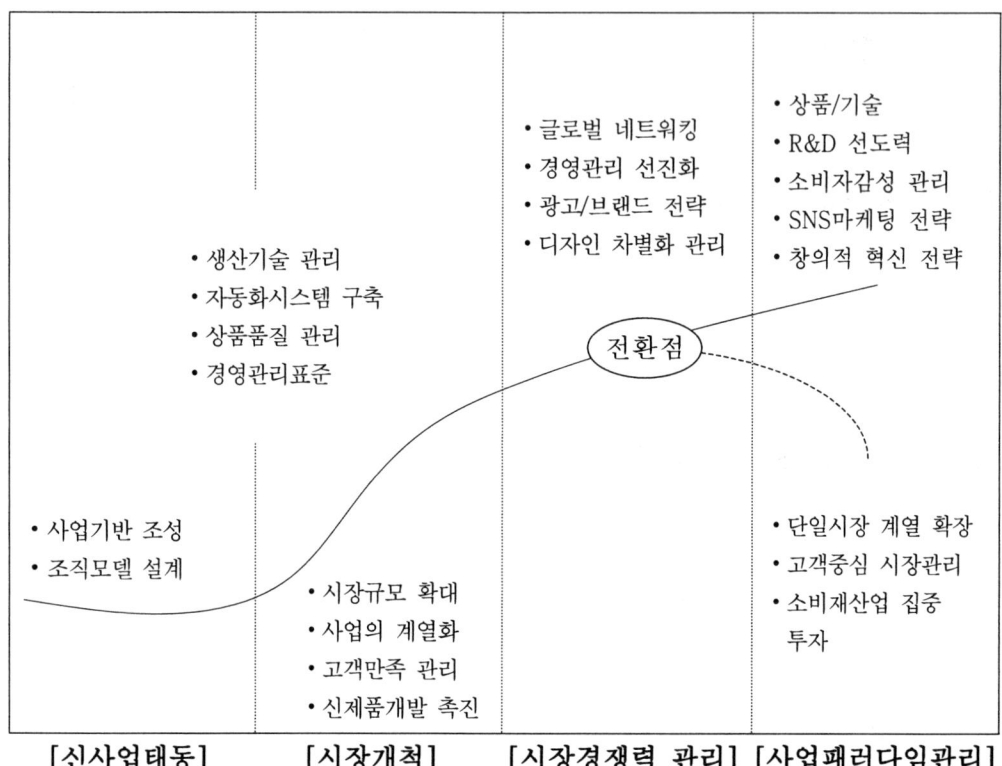

산업환경
• 글로벌 경제시스템의 지식기반사회 발달 • 신산업의 창조와 성장사업의 확장 • 새로운 사업모델과 경영자원의 다차원화 • 사업의 계열화와 전문화 촉진 • 산업성장 사이클 단축과 사회문화의 변화

I. 산업환경 변화와 기업인재상

□ 미래 성장산업 예측

- 산업성장 패러다임에 따라 신산업이 태동하거나 새로운 산업으로 분화되어 인적자원 시장이 확장되고 있음

[미래 성장산업 분야]

구분	사업분야		
미래지식 서비스 산업	지식정보 서비스 산업	• 원격의료 서비스 • 질병정보 시스템 • 안전재난 방재산업	• 디지털 콘텐츠 • 전문직 서비스
	생산기반 서비스 산업	• 연구 엔지니어링 • 광고 및 디자인 • 지능형 종합물류	• 나노정밀 산업 • 신기능 복합소재 • 정밀화학 소재
성장 잠재력 서비스 산업	문화관광 서비스 산업	• 문화·관광 콘텐츠 • 오락·게임 산업 • 섬유패션 산업	• 항공레저 산업 • 관광산업
	생명과학 서비스 산업	• 신재생 에너지 • 친환경 기술산업 • 인공지능형 로봇	• 바이오 신약사업 • 인지 뇌과학 • 수자원 산업
	미래성장 서비스 산업	• 정보통신 기기 • 전자의료 기기 • 수소에너지 기술	• 항공우주 산업 • 산업용로봇 산업
미래유망 직업	25년 미래산업 (유엔미래보고서)	• 최고경영 관리자 • 브레인 퀀트 • 오피스프로드스 • 디지털 고고학 • 기억수술 전문의 • 인공지능 서비스	• 임종설계사 • 유전자 상담사 • 거래 중개인 • 결혼·동거 상담 • 탄소배출권 • 수소연료 전지

1.2 인적자원 변화

가. 인적자원 관리

□ 산업성장 패러다임의 변화와 지식기반 사회발달에 따라 인적자원의 역량 전문화를 추진함
- 핵심역량 직무중심 우수 인재상 정립과 육성
- 소수정예 글로벌 인재채용과 융·복합 인재 육성
- 성과중심 처우·보상과 인적자원 관리
- 직무분야별 상시 경력직 채용과 직무능력 적합성 평가

나. 인적자원 모집

□ 산업환경과 인적자원 관리 방법에 따라 채용방법이 지속적으로 변화되어 왔음

[연대별 인력수급 방법]

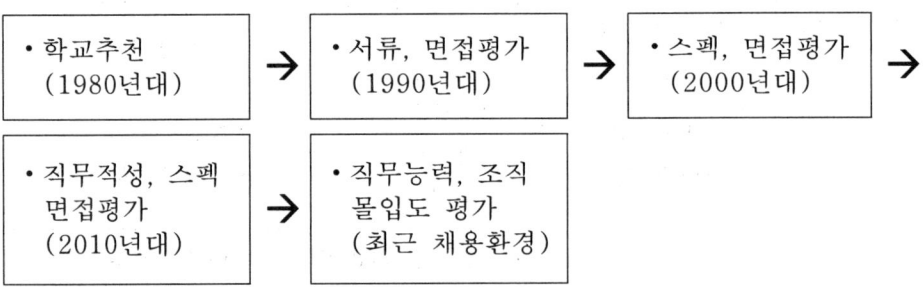

다. 인적자원 관리환경

□ 직무능력 중심의 자원관리
- 직무적응력을 중시하며 직무수행요건 적합성 평가

- 조직적응력을 중시하며 직무적성과 인성평가

□ 성과중심 인력관리
- 조직목표 실현 직무능력과 조직행동 및 업무성과 평가
- 직무가치 중심의 업무성과와 역할실행력 평가

□ 인적자원 육성관리
- 우수인재 설정 및 인적자원 경력관리
- 핵심직무 전문가 육성과 교육훈련 관리

1.3 인력관리 패러다임 변화

가. 글로벌 인재육성

□ 직업의 가치관이 평생직장 개념에서 평생직업 개념으로 변화되면서 직업계열화와 직무능력 전문화가 추진되고 있음
- 개인중심 성향으로 인해 인적자원 활용에 중점을 두는 경향을 나타냄
- 장기비전과 성장전략에 부합하는 기업 인재상 구축과 인적자원 육성방향 설정
- 글로벌 인재채용으로 직무역량의 다원화와 직무능력개발 선택과 집중화 관리
  - 전문지식과 숙련된 사업기획 및 전략운영능력 개발
  - 기초지식과 전문화된 업무성과 관리능력 개발
  - 표준직무 이해와 업무시스템 운영능력 개발
- 신입사원 직무 부적응과 조기 퇴직자 관리를 위한 기업 인재상 적합도와 조직몰입도 수준 평가

나. 직무역량 전문화 관리

- □ 직무속성 학습
    - 직무종류, 직무가치, 직무목표와 성과, 직무수행방법 학습
- □ 직무능력개발
    - 전문지식, 기초지식, 실행방법 숙련, 업무몰입행동, 업무동기
- □ 업무프로세스 운영능력 개발
    - 업무시스템, 업무네트워크, 업무권한과 책임, 업무통제 및 조정방법

2. 기업 인재상

- □ 산업환경 변화에 따른 경쟁력 제고와 우수한 인적자원 육성방향을 설정하기 위해 인재상을 정립하고 채용, 직무순환, 교육 및 훈련, 경력개발 제도에 연계시켜 전문 인력 육성체계를 확립함
    - 경쟁 심화에 따른 비전과 미션, 전략추진 인재상 정립
    - 전사적 경영방침 공유를 통한 조직목표의식 고양과 조직몰입 동기부여
    - 사업부문별 적합한 인재상 제시 및 육성으로 사업전략 실행력과 업무목표 성과 향상
    - 미래 핵심 전문 인력 육성·관리로 사업경쟁력 향상과 안정적인 성장기반을 조성하여 신사업 추진력 확충

- 인재상의 구체적 실현을 위한 조직가치, 변화과제, 개인역할의 수준과 관리방향을 설정

2.1 대기업 인재상

□ 기업성장을 위한 인적자원 역량 전문화에 목표를 둠
- 창조적 사고와 열린 사고력으로 시장중심의 도전적인 마인드 형성
- 글로벌 환경 적응력과 직무역량 전문화 인재
- 적극적이고 진취적이며 새로운 환경에 도전적인 전문 인력육성
- 다양한 업무에 충실하며 강한 승부근성으로 기업성장을 견인하는 리더십 관리

2.2 중소기업 인재상

□ 다양한 현장경험을 바탕으로 조직운영 및 사업성과 관리 전문화를 촉진함
- 핵심인력 리더십 배양과 현장중심 과제 수행능력 향상
- 다양한 현장실무의 전문화와 숙련업무 성과관리 능력개발
- 미래 경영환경 적응능력 개발과 인적자원 관리
- 사업분야별 직무역량과 사업 수행요건 설정 및 핵심인력 육성방안 설정

2.3 기업인재상 관리모델

□ 사업부문별 핵심직무가치 수준과 업무성과 관리목표에 따라 인적자원 육성관리

I. 산업환경 변화와 기업인재상

- 장기비전과 성장전략에 부합하는 인재상 표출
  - 전문성, 창조성, 탁월성, 도전성, 도덕성 관리
- 기업의 존립과 성장기반 및 인재상 구축
  - 경영전략과 목표달성, 지속성장성과 전문능력 관리
- 직무가치 생산과 사회적 책임감 고취
  - 기업가치, 고객가치, 사회가치, 조직가치, 개인가치의 실현
  - 변화와 혁신, 학습과 성장성 관리

기업이 추구하는 인재상
• 직무수행 전문능력을 갖추고 지속적으로 자기개발을 실행하며 글로벌 경영을 리드하면서 창의적인 방법으로 경영목표를 실현하는 사람

3. 직무역량 관리

☐ 역량은 삶의 패턴을 관리하는 역할이며 미래지향적이고 가치 중심적이며 업무성과와 연계되므로 선택이 중요함
- 내가 선호하고 자신의 삶을 보람되게 하는 직무분야
- 나를 인정하고 우수한 인재로 성장시켜줄 기업
- 시장경쟁력을 갖추고 지속적으로 성장·발전하는 기업
- 사업분야 다원화로 산업 라이프사이클 변화에 탄력성이 큰 기업
- 창의적이고 혁신적인 기업문화로 산업발전을 견인하는 기업

3.1 기업정보 관리

가. 기초정보

☐ 업종, 사업분야, 규모, 형태, 산업 및 시장환경, 경쟁력, 성장성, 수익성, 안정성 측면의 기업평가 정보

나. 경영정보

☐ 기업비전과 사업전략, 경영목표, 경영성과, 기업문화, 조직모델과 구조, 채용분야, 기업 인재상, 채용방법, 사회공헌 역할과 사회적 이미지

다. 직무정보

☐ 표준직무, 직무수행요건, 직무가치, 핵심역량, 업무시스템과 프로세스, 업무역할, 업무행동, 적성과 인성, 업무동기, 조직몰입행동

3.2 자기점검 관리

가. 직무선호도

☐ 직무이해도, 전공분야 연관성, 직무능력 수용력, 적성과 인성의 일치성, 미래직업 안정성

나. 직무역량

☐ 기초지식, 전문지식, 전문성, 실무능력, 실무경험, 교육이수

다. 기업 적합도

□ 경영이념과 철학, 기업문화, 기업 인재상, 인적자원관리 제도

3.3 직무역량 관리

가. 목표직무 요건 준비

□ 실무능력, 전문성, 성실성, 주인의식, 목표추진력, 창의성, 도전정신, 위기대처 능력

나. 직무기초능력 학습

□ 표준직무 이해를 통해 직무역량 관리 로드맵 설정
- 역량개발 희망 직무분야 선택
- 직무수행능력 수준평가 및 역량개발과제 선정

□ 직무지식과 실행능력 개발
- 직무지식, 직무경험, 직무가치, 업무프로세스와 시스템 운영방법, 업무방법, 업무역할, 업무성과, 업무생산성 향상방법 학습

□ 직무적응력과 직무적성 개발
- 직업의식, 업무스킬, 직무적성, 성과추진력, 업무동기, 정보분석력, 리더십, 문제해결력, 조직적응력 개발

3.4 자기 이미지 관리

□ 직무능력 함양과 조직적응력 최적화 이미지 관리
- 선택된 직무분야와 직업적성에 연계되는 이력서 내용

- 전문지식과 기초지식 및 경험능력 구성에 부합하는 사실적 내용 작성
- 작성내용의 일관성과 사실적인 연계성, 문장체계의 통일성과 표준화
    - 면접 시 복장과 자세 등 매너관리
    - 기업 경영이념과 철학, 사업분야, 시장환경, 기업문화, 전문지식과 가치관

I. 산업환경 변화와 기업인재상

4. 학습내용 평가

문1. 산업성장 패러다임에서 사업관리의 다원화가 추진되는 전환기 는 어느 시기 입니까?
　① 신 사업태동기　　　② 시장개척기　　　③ 시장경쟁력 관리시기
　④ 사업패러다임 관리 시기　⑤ 사업철수 및 구조 조정기

문2. 사업관리의 다원화 및 전환기에서 추진되는 역할로 적정한 것은 무엇입니까?
　① 사업관리 기반조성　　② 경영관리 표준화 추진
　③ 글로벌 네트워킹 실행　④ 창의적 혁신전략 수행
　⑤ 고객만족도 관리

문3. 미래성장 잠재력이 큰 산업으로 분류되지 않는 산업분야는 무엇입니까?
　① 문화관광 서비스 산업　② 생명과학 서비스 산업
　③ 지식정보 서비스 산업　④ 기술집약적 중화학 산업
　⑤ 인공지능 서비스 산업

문4. 미래성장 산업에서 추구하는 인적자원 관리 방향이 아닌 것은 무엇입니까?
　① 우수 인재상 정립과 육성　　② 사업의 계열화와 전문화 추진
　③ 글로벌 환경의 융·복합인재 육성　④ 성과중심의 처우·보상제도 운영
　⑤ 핵심분야 직무능력 적합성 관리

문5. 일반적인 관점에서 대기업의 목표 인재가 지향하는 과제가 아닌 것은 무엇 입니까?
　① 리더십 배양과 현장 중심의 직무능력개발
　② 창조적 사고와 시장 중심의 도전의식
　③ 글로벌 환경 적응력과 직무역량 전문화
　④ 진취적이고 도전적인 전문역량 개발
　⑤ 직무 충실성과 기업성장 견인 리더십

문6. 일반적인 관점에서 중소기업에서 지향하는 인적자원 관리 방향은 무엇입니까?
　① 핵심 직무가치 중심의 성과관리
　② 장기비전과 전략실행 인력육성
　③ 사회적 책임감 고취와 고객가치 지향
　④ 실무능력 다원화와 성과중심 목표관리
　⑤ 기업가치 실현의 변화와 혁신관리

문7. 기업의 우수인재로 성장하기 위한 직무역량 개발 및 전문화 방법이 아닌 내용은 무엇 입니까?
　① 표준직무수행요건 학습　　② 팀 직무지식과 실행능력 개발
　③ 업무적응력과 직무적성 개발　④ 경력관리 및 자기학습프로그램 운영
　⑤ 기업경영정보와 경영방침 이해

II. 조직기능과 편재직무

1. 조직기능과 구조

1.1 조직기능

☐ 품질관리 직무분야의 기본역할은 기업의 부가가치를 창출하는 제품과 서비스 품질을 표준화하여 제품경쟁력 향상과 소비자 만족도를 증진시키는 것임

☐ 표준화관리는 생산기술, 설계 및 제작도면, 생산방법, 생산설비와 장비, 생산공정, 원·부재료, 시험·검사장비와 검사방법, 생산성관리 활동을 대상으로 함

- 표준화관리 기준은 품질관리 규정, 한국공업표준규격(KS), 국제승인규격(ISO) 또는 제품종류별로 고객이 지정하는 제품규격과 표준사양에 따름

- 표준화관리 과제는 생산제품 및 서비스에 대한 사양·규격·물성에 대한 품질기준과 요구도 충족성·균질성·통일성을 관리하여 제품가치와 시장 경쟁력을 향상시킴

- 표준화관리 방법은 사전·사후관리를 실행하며, 품질기준과 검사규정 제정, 원·부자재·재공품·완제품검사와 물성시험, 생산설비·생산공정·치공구에 대한 예방점검 역할을 수행함

- 생산제품과 서비스 품질향상을 위한 전사적 표준화(구매,

Ⅱ. 조직기능과 편재직무

자재, 기술, 설비, 방법·능력, 생산, 포장, 보관) 규격설정
과 관리방법을 지도함

□ 조직역할
- 제품 품질기준 관리
  - 제품규격과 품질기준, 검사방법 관리
  - 원·부자재 종류·규격·물성과 검사기준 관리
  - 생산공정 표준화 및 공정기술 개선활동
- 신제품 초도품질 승인관리
  - 제품도면과 작업표준서, 품질관리 기준설정
  - 제품검사 방법과 시험기기 선정, 불량원인 관리
  - 고객요구 품질관리 기준(적용규격, 생산방법, 검사대상)설정
  - 품질경영활동 및 승인표시규격 사무관리
- 계측기 및 검사장비 관리
  - 계측기 및 검사장비 검증·교정
  - 정밀측정 장비관리 및 기술사양서 작성

1.2 조직구조

□ 기업의 조직은 경영목적을 수행하기 위해 업무분야별 업무처리 기구를 계통적으로 편성한 구성단위
- 조직구분은 사업범위에 따라 직종별로 분류되고 업무역할에 따라 직렬별로 구분하여 계열화 및 전문화시킴

□ 직종
- 최상의 조직구조에 위치하는 사업 분야의 분류단위로 관리, 영업, 생산으로 구성

□ 직렬
- 직종의 하위 조직분류 단위이며 사업역할별로 분류함
    - 관리직종
      기획, 경영관리, 재무회계, 조달직렬
    - 영업직종
      영업, 제품개발, 마케팅전략, 유통·서비스 직렬
    - 생산직종
      연구, 생산기술직, 생산관리, 품질관리 직렬
      · 품질관리는 품질관리 직렬에 편제되는 업무실행 조직

□ 팀
- 직렬의 하위 조직, 단위로서 업무방법에 따라 구분되며 조직성과관리 및 인적자원관리 기준이 됨

Ⅱ. 조직기능과 편재직무

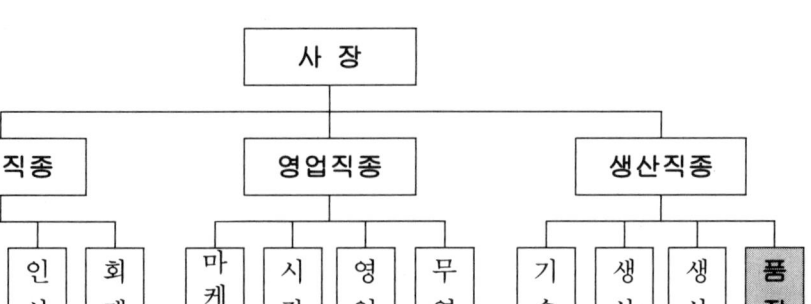

- □ 업무시스템
  - 단위 업무별로 단일목표의 성과관리를 위해 연관된 공통적인 역할을 수행하여 목표를 실현하는 업무패턴
- □ 업무네트워크
  - 단일 목표로 수행되는 업무패턴에 이해관계가 형성될 경우 영향력의 크기에 따라 정보공유와 협력 체계가 이루어짐

2. 조직의 직무편재

2.1 표준 직무편재

□ 조직별로 편재되는 표준직무는 경영목표 관리와 사업성과 달성에 필요한 임무와 이를 실행하는 일로 구성됨. 즉, 기업의 경영목표 달성을 위해 조직별로 할당된 임무를 실행하는데 필요한 과제·

일·역할을 업무방법별로 계열화시킨 내용이 표준직무임

□ 즉 표준직무는 조직별로 구성된 "일"의 전체내용으로 목표달성과 임무수행에 필요한 지식, 능력, 경험, 행동이 포함되며, 목표와 역할의 중요도에 따라 직무가치를 설정하여 상대적인 수준차이에 따라 역할의 방향과 우선순위가 설정됨

[표준직무 편재 요건]

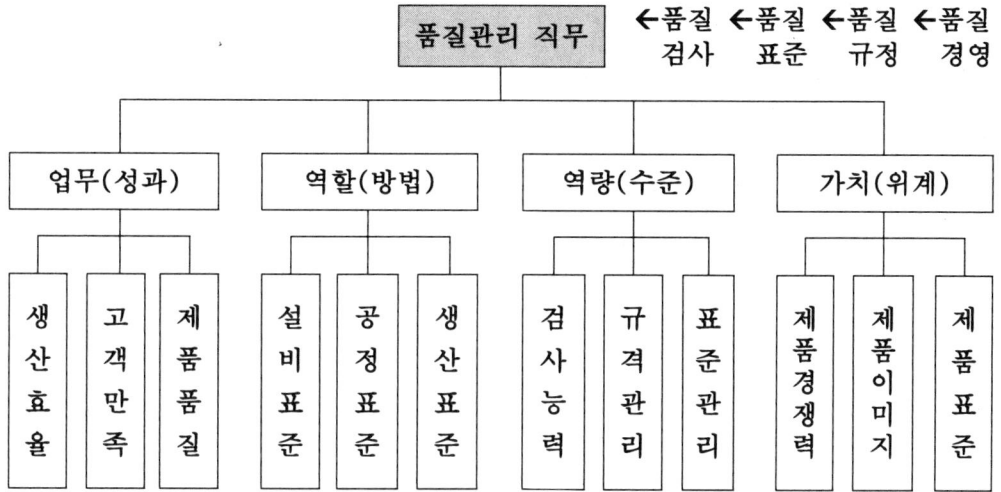

□ 품질관리 조직의 표준직무는 제품품질 표준화 관리에 필요한 제품사양과 원·부재료 규격관리, 설비예방·보전관리, 생산기술·인력·방법에 대한 표준사양 관리 직무로 편재됨

Ⅱ. 조직기능과 편재직무

가. 편재직무 특성과 역할

□ 직무특성

- 품질관리 계획 실행을 위한 생산도면 및 문서표준화 관리, 원·부자재 규격관리, 생산설비·장비·방법·역할의 표준화 관리로 제품품질과 신뢰도 및 만족도를 향상시킴
- 고객요구 품질관리를 위한 생산기술 표준화와 제품 및 재공품 시험·검사관리로 시장경쟁력과 시장성장성을 향상시킴
- 품질방침 관리와 제품검사·시험결과 데이터관리로 제품형질 표준화와 불량방지 및 생산성을 향상시킴

□ 핵심역할

- 생산문서 표준화를 위해 생산계획서, 작업지시서, 제품사양서, 생산실적 집계 및 품질통계 데이터자료의 문서양식과 업무시스템을 통일시켜 문서관리 역할의 효율성을 향상시킴
- 생산공정 표준화를 위해 생산시스템(공정흐름) 효율화와 생산방법(가공·조립), 생산설비·장비·치공구, 품질검사 방법을 표준화시켜 생산능률(원가절감)과 제품경쟁력(가격)을 향상시킴
- 생산품질 표준화를 위해 원·부재료, 제품특성·기능, 생산방법, 생산설비에 대한 표준규격 관리와 생산능력을 전문화시켜 제품품질과 이미지를 향상시킴
- 제품검사·시험방법 표준화를 위해 검사 및 시험장비 검·교정, 제품사양과 특성별 검사항목·검사방법·측정내용·판단기준을 관리하여 검사신뢰성을 향상시킴

Ⅱ. 조직기능과 편재직무

□ 전략과제

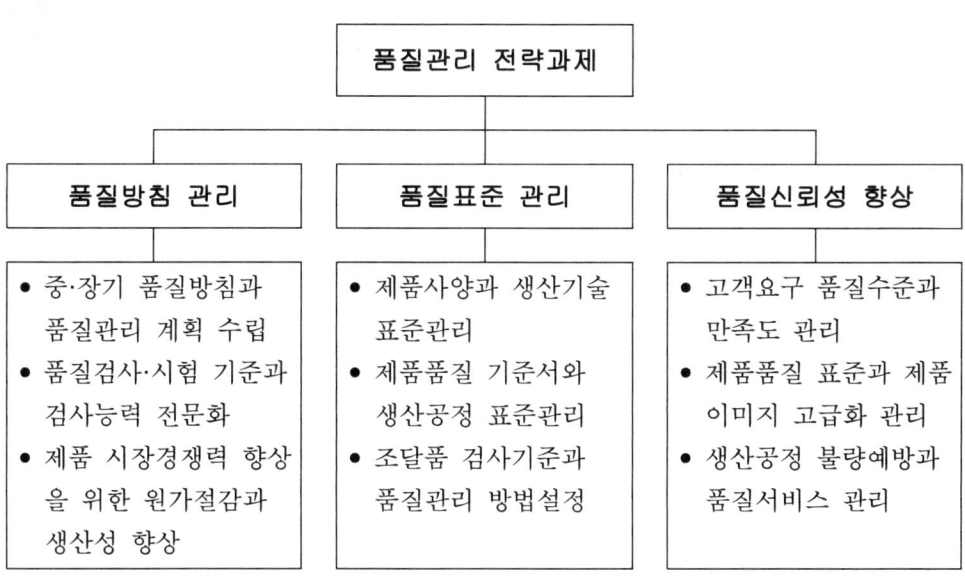

나. 표준직무 편재내용

[품질관리분야 편재직무]

표준직무		직무수행능력		
직무	세부직무	실무능력	전문지식	업무행동
제품 품질 기준 관리	•제품 품질기준과 검사방법 관리 •원·부자재 품질검사 기준관리 •생산공정 품질기준과 검사방법 관리	•생산공정과 라인이해 •제품특성과 생산기술 이해 •원·부자재 사양 이해 •품질관리 프로세스 이해	•생산공정 지식 •제품 사양서 •품질검사 기준 •제품설계 기술	•논리력, 추진력 •탐색력, 목표성 •사양검토와 관리 •검토와 개선 •수집과 분석
신규 개발 부품 초도 품질 승인 관리	•제품 품질검사 기준설정 •제품검사, 시험기기 설계 제작 승인 •고객 특별 요구사항 생산제품 품질관리	•신제품 특성과 기술사양 •제품물성 규격과 형상 파악 •품질규격 기본사항 •제품생산 공정관리 기초 지식	•사내 표준규정 •제품규격과 기능 사양 •생산기술 사양 •품질관리 지식 •제품특성과 기능	•판단력, 논리력 •분석력, 신중성 •설계와 관리 •수집과 분석 •점검과 조치

II. 조직기능과 편재직무

표준직무		직무수행능력		
직무	세부직무	실무능력	전문지식	업무행동
제품 품질 관리	•생산 재공품 및 완제품 품질 검사 •생산기술 및 제조설비 표준 관리 •공정별 품질정보 시스템 개발 및 관리 •완제품 품질불만 클레임 원인 분석 및 대책	•품질경영 정보 분석 방법 •제품별 품질표준사양 기준과 검사방법 •생산설비 가동조건과 생산능력 •품질관리 프로세스 설계	•생산공정 계획 및 품질표준 계획 •품질보증 시스템 설계 •품질검사 및 품질 향상 과제 추진	•판단력, 분석력 •탐색력, 목표성 •검토와 개선 •점검과 조치 •수집과 분석
원·부 자재 품질 관리	•원·부자재 품질기준 사양 관리 •원·부자재 입고 품질검사 •외주가공품 입고 품질검사	•기술 및 품질제안제도 운영 •샘플추출 및 검사방법 •평가시험 계획서 작성 •검사기기의 조작 및 시험방법 •품질조성 기준 데이터 관리	•원·부자재 특성 및 검사표준서 설계 •원·부자재 규격 및 검사표준서 작성 •클레임 처리 및 원인분석	•판단력, 분석력 •탐색력, 목표성 •검토와 개선 •점검과 조치 •수집과 분석
계측기 및 검사 설비 장비 관리	•계측기 및 검사장비 검·교정 •정밀 측정 관리 및 운영 •계측 장비관리 및 기술사양서 작성	•장비특성 및 사양파악 •검사기준 및 설비교정 방법 •계측기 정비 사양 숙지	•계측기 및 설비 장비 운용방법 •검사장비 검·교정 주기 숙지, 검사 방법	•책임감, 판단력 •실행력, 신속성 •조정과 수리 •점검과 조치
품질 경영 활동 관리	•품질관리 사무국 운영관리 •ISO 및 KS 표시 업무표준화 관리 •ISO 및 KS 표시 사무심사 관리 •공정기술 개선 제안제도 운영	•품질경영 방침 이해 •품질관리 시스템 •품질보증 활용 •설비 보존관리 방법	•공업표준규격서 (ISO, KS) •품질 소그룹 활동 •제안제도 운영방법	•기획력, 리더십 •추진력 •커뮤니케이션 •탐색과 개발

3. 학습내용 평가

문1. 조직(부서)운영에 직접적인 영향을 미치는 요인이 아닌 것은 무엇입니까?
  ① 시장성장성과 제품경쟁력　　② 생산기술과 제품품질관리 방법
  ③ 기업의 사회적 이미지　　　　④ 영업방침과 매출목표
  ⑤ 제품생산능력과 설비투자 규모

문2. 품질관리 조직(부서)은 어느 직종에 분류되어 조직목표와 경영성과 관리역할을 수행 합니까?
  ① 기획직종　② 관리직종　③ 영업직종　④ 생산직종　⑤ 서비스직종

문3. 일반적인 측면에서 조직(분야, 규모)분류 단위가 적정한 것은 어느 항목입니까?
  ① 직종>직렬>직군>부서　　② 직군>직종>직렬>부서
  ③ 직군>직렬>직종>부서　　④ 직렬>직종>부서>직군
  ⑤ 직군>직렬>부서>직종

문4. 품질관리 조직(부서)에서 중점적으로 수행하는 직무역할이 아닌 것은 무엇입니까?
  ① 제품품질 검사관리　　　② 신제품 초도품질 승인관리
  ③ 계측기 및 검사장비 관리　④ 생산공정 기술관리
  ⑤ 제품규격과 품질규정 관리

문5. 일반적인 관점에서 사업지원 역할에 목표를 두고 운영되는 조직(부서)의 그룹은 어느 것입니까?
  ① 경영기획, 영업관리, 품질관리　② 시장개발, 기술개발, 품질관리
  ③ 회계관리, 시장개발, 생산관리　④ 경영기획, 마케팅전략, 생산관리
  ⑤ 기술개발, 시장개발, 생산관리

문6. 품질관리 조직에서 지향하는 업무성과관리 과제가 아닌 것은 무엇입니까?
  ① 품질검사 능력 전문화　② 생산기술 표준화관리　③ 생산공정 표준화관리
  ④ 원·부재료 표준화관리　⑤ 제품판매방법 표준화관리

문7. 일반적으로 품질관리 조직에 편재되는 표준직무가 아닌 것은 무엇입니까?
  ① 제품품질 기준관리　② 생산제품 품질관리　③ 원·부재료 품질관리
  ④ 개발기술 품질관리　⑤ 제품특성 시험과 사양 품질검사

Ⅱ. 조직기능과 편재직무

문8. 일반적으로 조직(부서) 이기주의가 심한 기업의 경영목표관리 방법으로 적정한 것은 무엇입니까?
　　① 탑 다운(Top Down) 방법의 목표과제 할당
　　② 보텀 업(Bottom Up) 방식의 목표과제 선정
　　③ 탑 다운(Top Down) 방법과 보텀 업(Bottom Up) 방식의 병행
　　④ 사업 부문(직종, 직렬)별로 책임경영(관리) 방식의 목표설정
　　⑤ 제안공모제 방법에 의한 목표과제 설정

문9. 책임과 권한이 합리적으로 배분되어 운영되는 조직(부서)에서 일반적인 경영목표 관리 방법으로 적정한 것은 무엇입니까?
　　① 탑 다운(Top Down) 방법의 목표과제 할당
　　② 보텀 업(Bottom Up) 방식의 목표과제 선정
　　③ 탑 다운(Top Down) 방법과 보텀 업(Bottom Up) 방식의 병행
　　④ 사업 부문(직종, 직렬)별로 책임경영(관리) 방식의 목표설정
　　⑤ 제안공모제 방법에 의한 목표과제 설정

III. 직무수행 능력 관리

1. 직무수행요건

□ 표준 직무수행요건이란 조직별로 편재된 직무를 수행하는데 필요한 실무능력과 필요지식, 직무적성 요인으로 구성되며 직무가치에 따라 역량의 수준이 결정됨

- 직무수행요건은 표준 직무내용에 근거하여 설정되며, 품질관리 조직의 직무수행요건은 전절(II) 2.1에 구성되어 있으며 해당 분야의 직무이해와 직무지식과 실무능력이 학습되어야 함

1.1 직무가치

□ 직무별로 지향하는 목표의 절대적 가치수준과 성과달성에 필요한 역할과 요구능력의 상대적인 중요도 수준을 지수화시켜 측정한 데이터로 핵심역량 및 중점직무 분류기준으로 활용됨

- 직무가치를 포괄적인 개념으로 확장하여 직무역량으로 지칭하는 경우도 있으나 직무가치는 직무가 지향하는 목표와 성과의 경제적 가치수준에 중점을 두는 반면, 직무역량은 요구되는 직무능력과 업무행동 요인의 상대적인 충족수준으로 분류되는 개념임

- 직무별로 측정되는 직무가치는 값의 크기에 따라 등급별(1등급 직무부터 6등급 직무)로 구분한 후, 1~2등급 직무는 핵심직무,

3~4등급 직무는 중점직무, 5~6등급 직무는 일상직무로 분류하여 업무방법과 업무역할을 설정함
- 측정된 직무가치는 수준별로 인적자원을 관리하며, 핵심직무는 차·부장직급이 담당하는 직무로 분류되고, 중점직무는 과장·대리직급 담당직무, 일상직무는 사원직급이 수행하는 직무로 설정됨

1.2 직무지식과 실무능력

가. 직무지식 관리

□ 품질관리는 소비자의 요구품질 또는 제품설계 단계에서부터 규정되는 규격, 물성, 화학조성의 충족과 생산도면, 생산설비, 생산공정, 생산방법, 원·부자재 표준화관리를 위한 검사·시험방법 설정과 장비점검·교정 역량이 필요함
- 품질방침 활동과 품질관리 프로세스 이해
- 제품특성(형상, 물리적 성질, 화학적 성분)과 사양(종류, 용도, 규격) 이해
- 생산공정 특성(생산기술, 생산설비, 작업방법, 공정물류)과 표준관리방법 이해
- 원·부자재 사양과 품질검사·시험방법 이해
- 품질관리(표준화, 검사·시험, 불량률) 통계데이터 분석과 검사기록유지 관리
- 제품품질 표준사양 설정과 품질불만 관리와 예방·보전관리 방법

나. 실무능력 관리

□ 품질관리는 제품형상과 물성에 대한 수준과 표준화를 관리하여 제품신뢰도, 제품이미지, 고객만족도를 향상시킴.

- 이를 위해 제품설계 기술, 제품생산 기술, 품질검사 기준, 품질보증 시스템 등의 표준관리 체계구축과 제품불량 예방, 클레임처리 및 원인분석, 품질개선 대책수립 능력이 요구됨
    - 제품생산 기술과 품질정보 분석방법
    - 제품특성 및 사양검사·시험 기준관리와 실행방법
    - 제품품질보증 활동과 품질불만 클레임처리 방법
    - 검사기기와 시험장비 검·교정관리
    - 제품별 품질표준 사양관리 프로세스 설계

다. 업무역량과 업무행동 관리

□ 품질관리 직무는 원·부재료 조달품질, 제품생산품질, 제품판매품질을 관리하여 제품생산성(표준화, 불량방지)과 시장경쟁력(원가절감, 품질표준) 및 고객만족도(클레임, 내구성)를 향상시키는 자질과 업무태도를 갖추어야 함

□ 업무역량 개발

- 비즈니스 마인드와 업무 윤리의식
- 정보 분석력과 업무전문성 개발
- 목표실행 계획과 성과 도전관리
- 고객중심 서비스 실행과 조직 협력관리
- 돌발사항 대응력과 성과관리 마인드

III. 직무수행능력 관리

□ 업무행동 관리
- 탐색력과 추진력
- 목표성과 판단력
- 정보력과 분석력
- 실행력과 책임감

1.3 조직몰입도 관리

□ 조직몰입도는 조직과 직무역할에 대해 개인의 감정을 반영하는 태도로서 이직률, 결근율, 업무성과, 업무행동, 업무동기에 영향을 미치는 중요한 변수임
- 조직몰입도 직무수행요건에 따라 조직역할의 자율성, 다양성, 정체성, 업무시스템 운영에 영향을 미치는 중요한 관리내용으로 인적자원관리 척도로 활용됨

가. 조직몰입도 관리항목

□ 조직몰입도는 직무별로 요구되는 패턴이 다르나 공통적으로 고객가치 지향, 조직활성화, 업무능력 제고, 업무혁신형으로 구분하여 영향요인별로 적정성 수준을 관리함

[조직몰입도 관리과제]

조직몰입도	관리항목
조직목표추구형	• 리더십 역량, 의사결정능력, 제도 및 시스템 운영방법, 기업과 조직 귀속성이 높음
욕구성취형	• 팀워크, 업무행동 진중성, 역할의 신뢰관계, 목표집중성이 높음
고객가치 지향형	• 지시·명령 이행력, 부서간 협력, 고객 서비스, 표준직무 관리, 기업귀속성이 높음
조직활성화형	• 목표·방침·계획 이해력, 역할의 통제·조정력, 조직분위기 고취, 기업귀속성이 높음
업무능력 제고형	• 능력개발 지향, 성과 및 능력 평가관리, 업무태도 활성화, 일의 집중력을 향상시킴
업무혁신형	• 리더십역량, 부서간 협력, 조직문화 귀속력, 일의 집중력이 높음

나. 조직몰입도 영향요인

□ 조직몰입도를 관리하여 업무추진력과 성과향상, 팀워크 향상, 업무역량 전문화를 관리함

Ⅲ. 직무수행능력 관리

[조직몰입행동 관리]

업무행동	업무역할	몰입행동
업무 추진력	리더십	• 조직목표 과제이해와 업무성과 관리, 업무방법 지도 및 멘토링 관리와 조직 그룹 활동을 강화시킴
	의사결정 능력	• 경영전략과 경영방침의 이해와 목표관리 방향 설정 및 문제 현안에 대한 의견토론과 의견수렴, 지시 전달 체계의 확립과 공동체 의식을 고취시켜 실행과제를 정립하고 관리함
	업무시스템 체계화	• 업무규정과 규칙 및 인사제도의 재정비, 인적자원 관리방법 선진화를 지향함
	지시·명령 체계 확립	• 업무권한과 책임범위 명확화, 위임·전결관리 기준을 준수하면서 인간관계의 조력역할과 업무성과 중심의 역할을 수행하거나 조직문화 및 팀학습 프로그램을 활성화시켜 조직효율성을 향상시키면서 경영혁신 과제의 변화관리를 추진함
	통제·조정 역할	• 목표와 실행계획의 명확화, 업무프로세스와 업무방법 명료화, 권한과 책임구분, 리더십 역량강화, 업무 표준화와 시스템화를 통해 실현됨

업무행동	업무역할	몰입행동
업무 집중력	업무행동 집중화	• 업무책임감과 집중력을 향상시키고 조직적응력과 협동성을 관리하여 업무동기 활성화와 삶의 목표를 체계화함
	조직분위기 활성화	• 목표의식과 성과관리 책임강화, 업무자율성과 협동심 향상, 업무방법과 역할의 구체성, 성과와 능력중심의 처우·보상 관리, 경력관리 및 직무능력 개발지원을 통해 실현됨
	일의 집중력 향상	• 성장전략 개발과 직무능력 및 업무역량 관리, 업무 성과 지향성 향상, 직무표준 관리와 업무생산성 관리를 통해 역량 전문화를 촉진함
	기업 귀속성 향상	• 기업성장성과 개인목표 연계성 관리, 직업안정성과 직무능력 전문성 관리, 업무성과 향상, 경력관리 지향

업무행동	업무역할	몰입행동
업무 협동성	팀워크 활성화	• 업무중심 결속력과 사람중심 융화력을 향상시켜 조직 및 업무분야별 책임과 권한의 명확화와 팀그룹 활동을 강화시킴
	조직 신뢰관계	• 그룹 활동의 적극적 참여와 조직 공동체의식을 고취하여 정서적 일체감을 조성하고 업무가치관을 다원화시켜 포용력을 향상시킴
	조직협력 관리	• 업무표준 관리와 업무프로세스 구축, 업무권한과 책임 명확화 및 조직 공동체의식 강화와 기업문화 관리를 통해 실현됨
	업무태도 활성화	• 조직목표와 성과관리 역할지향성에 따라 자기가치 중심화 성향을 설정하여 업무성과 지향적인 역할과 자기이미지 관리태도를 확립하여 업무동기를 강화함
	조직문화 및 기업이미지 활성화	• 기업의 경영이념, 경영전략 정립, 경영목표의 동질성 확립, 지역사회 문화가치 수용과 조직적 융화관리, 공식적·비공식적 사회공헌활동과 기업이미지 강화 역할을 수행함

업무행동	업무역할	몰입행동
업무 목표력	표준직무 관리체계 확립	• 직무가치와 직무역량 수준관리, 직무수행 요건관리, 업무시스템 구축과 성과관리 체계확립을 통해 관리환경이 조성됨
	경영목표와 방침관리	• 비전과 경영이념 이해, 경영목표 관리와 경영계획 실행 기업문화 활성화를 통해 관리환경이 조성됨
	능력개발	• 삶의 목표와 비전이 확립되고 역량전문화 방향이 설정된 후 업무수행능력을 평가하고 능력개발 과제와 수준을 분류하여 교육연수 프로그램, 학점이수제 및 팀학습 과정을 활용하여 학습함
	업무역량 평가	• 업무성과 관리와 우수한 인적자원으로 성장하기 위해 직무능력, 수행역할, 업무태도에 대한 평가, 직무적성과 적응력을 점검하여 역량개발 방향과 교육훈련 및 경력관리 과제를 설정함
	커뮤니케이션 활성화	• 업무목표와 성과관리 역할의 지향과제를 설정하여 커뮤니케이션 메시지를 구축하고 정보시스템별로 공동체 의식을 함양시킴

Ⅲ. 직무수행능력 관리

2. 직무능력 학습

□ 품질관리는 제품생산에 관여되는 시설, 방법, 역할, 원·부재료 수준의 적정성과 표준화관리를 통해 제품가격·성능·물성·품질 경쟁력을 갖춘 제품을 생산하여 매출액 향상과 사업성장성 촉진역할을 지원함

- 이를 위해 품질표준(품질설계, 공정검사, 제품검사, 품질평가) 관리, 품질보증(품질보증, 품질서비스) 관리, 품질경영(품질방침, 업무표준, 기술혁신, 생산성) 관리 과제와 운영능력 학습이 필요함
- 품질관리 규정과 매뉴얼의 적합성 유지와 제품규격과 품질관리 규정 및 공정검사 지침의 작성·심의·개정·승인방법과 운영능력 학습

[이론 및 실무지식 학습과제]

이론지식	실무지식
· 제품설계기술 표준관리 · 생산설비 능력과 성능관리 · 생산방법과 공정품질 표준화 · 제품 생산성과 생산원가 분석 · 신제품 설계품질과 표준사양 · 품질관리와 품질보증 사이클	· 품질검사 시스템 · 검사장비 관리와 원재료 검사 · 제품품질정보 수집과 통계분석 · 검사장비와 기기 검·교정관리 · 품질정보와 고객서비스 분석 · 제품품질보증 및 클레임처리

□ 실무능력 학습방법

- 인턴 학습
  - 품질관리 조직 및 유사분야(생산관리, 구매관리) 실무학습
- 사례내용 학습
  - 소비생활 과정에서 구매제품의 품질표시 내용 즉 제품규격, 조성성분, 표시허가, 포장방법, 사용방법 등을 확인하면서 제품품질 표준화관리 실태체험과 서비스 기간, 불만처리 내용과 방법에 대한 정보를 확인하면서 품질보증 관리와 클레임처리 절차를 간접경험 내용으로 습득함
  - 다양한 제품품질 정보를 활용 및 응용하여 품질관리 역할을 이해함

3. 학습내용 평가

문1. 조직에 편재된 표준직무의 수행요건(능력) 항목이 아닌 것은 무엇입니까?
　　① 직무지식　② 실무능력　③ 업무방법　④ 업무행동　⑤ 권한과 책임

문2. 조직에 편재된 표준직무 가치를 적절하게 표현한 내용은 무엇입니까?
　　① 조직(부서)의 상대적인 중요도를 구분한 것
　　② 직무가 지향(내포되어 있는)하는 목표와 성과의 경제적 가치수준
　　③ 조직원들의 역할을 구분하기 위한 분류기준
　　④ 직무수행요건을 설정하기 위해 임의적으로 구분되는 분류단위
　　⑤ 계층별로 담당하는 역할을 구분하는 단위

문3. 표준직무 수행에 필요한 전문지식으로 분류되지 않는 내용은 무엇입니까?
　　① 품질방침과 품질관리 프로세스　② 제품특성(물성·성분)과 사양(규격) 이해
　　③ 생산공정설비 표준관리 방법　　④ 제품도면 설계방법
　　⑤ 원·부재료 사양과 품질검사·시험방법

문4. 표준직무 수행에 필요한 실무능력으로 분류되지 않는 내용은 무엇입니까?
　　① 제품설계기술과 품질관리　　　② 원·부자재 구매·재고관리
　　③ 생산기술과 품질검사 및 시험방법　④ 품질보증과 불만클레임처리 방법
　　⑤ 품질표준화와 품질개선 방법

문5. 품질관리 조직의 표준직무를 효율적으로 수행하는데 필요한 업무역량 개발과제가 아닌 내용은 무엇입니까?
　　① 미래 산업에 대한 관심유발　　② 비즈니스 마인드와 윤리의식
　　③ 정보 분석력과 업무 전문성　　④ 목표실행력과 업무성과 관리
　　⑤ 고객서비스와 조직협력 관리

문6. 직무수행에 필요한 업무행동에 대한 설명으로 적절하지 않는 내용은 무엇입니까?
　　① 담당직무 수행과 조직문화에 최적화된 마음가짐과 업무자세
　　② 조직활동에 표준적으로 요구되는 업무자세
　　③ 담당직무를 생산적이고 효율적으로 실행하는 업무태도
　　④ 직무수행 과정에서 조직원이 공통적으로 나타내는 표준적인 행동패턴
　　⑤ 직무수행 역할과 방법을 과정별로 상징적으로 표현하는 개념

문7. 일반적인 관점에서 직무적성을 선천적인 우월성으로 표현하는 경우도 있는데, 구성요소들이 가장 적절히 분류된 것은 무엇입니까?
① 독창성, 창의성, 탁월성 ② 분석력, 기획력, 논리력
③ 책임감, 추진력, 해결력 ④ 탐색력, 리더십, 실행력
⑤ 목적성, 성취력, 예측력

문8. 직종·직렬의 분류단위 중 일반적으로 기획직렬에서 가장 필요로 하는 조직몰입행동의 패턴은 무엇입니까?
① 욕구성취형 ② 고객가치 지향형 ③ 조직 성과형
④ 조직목표 추구형 ⑤ 업무능력 제고형

문9. 직종·직렬의 분류단위 중 일반적으로 관리직렬에서 가장 필요로 하는 조직몰입행동의 패턴은 무엇입니까?
① 욕구성취형 ② 고객가치 지향형 ③ 조직활성화형
④ 조직목표추구형 ⑤ 업무능력제고형

문10. 직종·직렬의 분류단위 중 일반적으로 영업직렬에서 가장 필요로 하는 조직몰입행동의 패턴은 무엇입니까?
① 욕구성취형 ② 고객가치 지향형 ③ 조직활성화형
④ 조직목표 추구형 ⑤ 업무능력 제고형

문11. 직종·직렬의 분류단위 중 일반적으로 생산직렬에서 가장 필요로 하는 조직몰입행동의 패턴은 무엇입니까?
① 욕구성취형 ② 고객가치 지향형 ③ 조직활성화형
④ 조직목표 추구형 ⑤ 업무능력 제고형

문12. 조직몰입행동 활성화 방법으로 영향력이 낮은 항목은 무엇입니까?
① 업무성과지향 ② 업무추진력 ③ 업무집중력
④ 업무협동성 ⑤ 업무리더십

문13. 직무능력개발을 위한 학습방법으로 가장 적절한 내용은 무엇입니까?
① 대학교재 등 이론서 중심으로 학습
② 동일직무분야 인턴경험에 의한 업무방법 중심학습
③ 관련분야 기초지식과 동일직무분야 경험 및 사례학습
④ 다양한 직무분야의 인턴경험
⑤ 다양한 분야의 전문서적 및 연구논문으로 학습

Ⅲ. 직무수행능력 관리

문14. 실무능력개발 효과가 나타나지 않는 역할은 무엇입니까?
① 미래산업 발전모델 조사 및 분석
② 사업성과 분석 및 평가
③ 생산공정 및 제품품질분석
④ 시장 성장성과 고객행동분석
⑤ 사업성 검토와 예산분석

Ⅳ. 핵심직무 실무능력 개발

1. 품질관리

1.1 품질관리 과제

- □ 품질관리는 제품생산에 관여되는 경영활동(제품개발, 제품수주, 원·부자재 조달, 생산설비, 생산공정, 제품생산, 제품검사, 제품물류)을 표준화하여 양질의 제품을 경제적으로 생산 및 판매하기 위해 수행됨

- □ 이러한 품질관리 활동을 광의적 개념으로 품질경영을 표현하는 경우도 있으나 역할의 패턴과 관리내용은 협의적 개념의 품질관리 활동과 동일함

[품질관리 과제]

구분	과제	관리방법
품질 표준 관리	• 품질설계 • 공정검사 • 제품검사 • 품질평가(공정별)	• 고객지향(요구충족)의 품질설계 • 규격(공업표준, 주문사양)에 맞는 제품생산 지원 (검사) • 생산공정(재공품) 품질표준화(과학적, 시스템적) • 제품품질 수준 관리(포장·보관·물류)와 개선
품질 보증 관리	• 품질평가(제품별) • 품질보증 • 품질서비스 관리	• 업무표준화 관리(제품주문, 원·부자재 조달, 설비능력과 성능, 치공구, 사양과 규격) • 품질시스템 관리(생산도면, 공정기술, 품질사양) • 품질만족도 관리(불만처리, 제품서비스)
품질 경영 활동	• 품질방침 관리 • 업무표준화 관리 • 기술혁신 관리 • 제품생산성 관리	• 업무규정(경영,영업,생산) 표준화 및 매뉴얼 관리 • 고객만족 관리와 기업이미지 혁신 • 자주적 품질관리 활동과 생산기술 혁신관리 • 품질불량 예방활동과 제품생산성 관리

1.2 품질관리 내용

☐ 품질관리 매뉴얼과 품질시스템의 적합성 유지, 제품규격과 품질관리 규정 및 공정검사 지침의 작성·심의·개정·승인 방법과 절차를 성문화함

☐ 품질규정과 매뉴얼의 성문화는 업무절차와 작업내용에 따라 체계적(시스템)으로 구성하며, 제품과 원·부자재의 품질특성치, 생산표준작업(공정) 방법, 재공품 및 완제품 품질검사 방법과 품질수준을 규정함

[품질 표준 관리내용]

관리대상	관리내용
원·부자재 규격	• 원·부재료 종류, 규격, 품질표준, 품질보증 내용 • 원·부재료 LOT 관리, 재고관리 기준 • 원·부재료 보관방법(장소, 환경, 적재 상태) 관리
설비능력 성능관리	• 생산설비 규격, 능력, 정밀도 수준 관리 • 생산설비 장착 치·공구 규격, 정밀도 관리 • 설비 성능 유지(점검, 정비, 빈도) 관리
작업방법 표준관리	• 작업표준서(작업순서, 방법, 조건, 역할, 품질) 적정성(표준화, 생산성, 효율성) 관리 • 작업공정별 품질점검(규격 적합성, 형질 표준화) 관리 • 작업공정 품질검사(재공품, 완제품) 표준(표본, 검사방법) 관리
공정품질 관리	• 공정 품질검사 기준(형상·규격·재질 표준) 관리 • 공정 품질검사(육안, 성분분석, 기계적 성질 측정) 방법(모수, 표본, 판정기준) 관리 • 품질검사 기기(검사대, 계측기, 측정기, 체크시트) 관리
제품품질 관리	• 외주생산 제품 품질검사 기준(규격, 재질, 표준) 관리 • 완제품 품질검사(규격, 재질, 표준) 관리 • 제품 품질보증서(제품평가 시험성적서, 제품 품질인증서) 관리 • 제품불량 및 클레임(원인분석, 대책수립, 불량 예방활동) 관리 • 제품 품질 보존(포장, 물류, 보관, 사용) 관리
품질보증 관리	• 제품 정보(생산, 기술, 품질, 가치) 관리 • 제품 품질 보증(서비스, 만족도, 기능유지) 관리

1.3 품질관리 역할

□ 품질관리 절차와 방법 및 관리 문서를 표준화하여 제품사양과 규격에 적합한 제품이 지속적으로 생산되도록 품질관리 시스템을 구축하여 운영함

[품질관리 역할]

관리분야	관리내용
품질시스템	• 품질시스템의 구조, 시스템의 문서화, 품질시스템 감사, 품질경영 시스템의 심사 및 평가 등
품질의경제성	• 적절한 요소를 선택하는 것으로서 품질관련 비용의 유형과 관리기준
판매관리	• 수주요건, 제품요약서, 고객으로부터의 피드백정보 등
시방설계품질	• 품질에 대한 시방과 설계의 기여, 설계계획과 목표, 제품시험 및 계측, 설계심사, 설계변경관리 등
조달품질	• 시방서, 도면 및 구매 주문서에 대한 요건, 자격 있는 공급자의 선택, 품질분쟁 해결조항, 구입검사 계획 및 관리 등
생산품질	• 관리되고 있는 상태에서의 생산계획, 공정능력 등
생산관리	• 구입자재 및 추적성, 설비관리 및 보전, 공정변경관리 등
제품검증	• 구입자재 및 부품검사, 공정간 검사, 완성품 검사 등
시험장비관리	• 계측관리, 공급자 계측관리, 시정조치 등
제품기능보호	• 취급, 보관, 표시, 포장, 설치 및 인도, 판매 후 서비스 시장보고와 제품감독 등
문서관리	• 품질문서, 품질기록 등
제품안전관리	• 품질에 대한 안전성, 제품책임 위험의 최소화 등
통계관리	• 목적에 따른 유효한 기법의 선택과 활용기준

2. 공정 품질관리

2.1 공정 품질관리

□ 공정 품질관리는 제품 생산공정 과정의 품질수준을 관리하며, 원·부재료 투입단계부터 완제품이 생산되어 제품 포장작업이 이루어지는 과정까지의 품질을 관리함

[공정 품질 관리]

관리대상	품질관리
원·부재료 품질	• 원·부재료 종류 적정성(규격, 성상, 품질, 수량) 관리 • 원·부재료 작업방법(가공, 수율, 형상, 표준) 관리
공정설비 표준성능	• 설비가동률(생산, 속도, 설비부하율, 설비망실률) 관리 • 제품불량률(규격, 형상, 성질) 관리
공정제품 품질	• 제품 제작도면 관리 • 고객 요구사양 관리 • 제품 검사기준 관리 • 제품품질 표준화 관리
고객서비스 품질	• 품질보증 관리 • 품질 서비스 관리 • 고객 불만개선 활동 • 고객 정보관리 활동

2.2 공정 품질관리 시스템

□ 생산제품의 소비자 요구품질과 제품 사양품질 수준을 충족시키기 위해 제품생산 공정(과정)별로 품질관리 체계를 확립함

IV. 핵심직무 실무능력 개발

[공정 품질관리 시스템]

구분	관리체계	수행역할
품질정보 분석	• 제품 품질정보 수집	• 제품생산정보 – 생산제품, 생산량, 품질관리 항목, 품질검사기준(요건)
	• 품질관리 기준 협의	• 생산공정 단계별 검사 항목 • 공정검사 주기와 방법 • 공정검사 결과 판정 요건
	• 품질정보 DB 구축	• 생산 설비별, 제품별 공정검사 결과 DB 구축 및 관리 • 공정검사 불량 문제점 탐색과 개선요인 설정 • 공정불량 문제점 개선관리 DB 구축
공정품질 확보	• 공정설비 운전 표준 및 안정성 점검	• 설비가동률 및 생산능력 점검 • 설비 및 치·공구 마모율 관리 • 가공품질 수준과 표준편차 관리
	• 공정(가공품) 품질 검사	• 생산공정별 가공품 품질검사 • 가공품 품질문제 요인과 개선과제 관리 • 품질 문제점 개선 효과 점검
공정표준화 관리	• 생산공정 이력 관리	• 제품별 생산공정 LOT 관리 • 가공방법별 품질 검사이력 관리 • 가공품 품질개선(향상) 정보 관리
	• 생산공정 품질관리	• 품질관리 항목 체크리스트 관리 • 품질 검사방법 체크포인트 설정 • 검사결과 판정 기준 설정 • 제품특성 검사 항목 SPC관리
	• 품질관리 정보 피드백	• 품질 검사결과 피드백 • 품질 문제점 개선과제 피드백

2.3 공정품질 검사

□ 제품생산 공정(부품가공, 제품조립, 제품생산) 단계별 원·부자재 적합성(표준규격품), 생산방법(가공, 조립, 생산)과 생산설비(능력, 안정성, 내구성) 적정성 수준의 표준화 상태를 검사하여 비표준 공정품(불량품) 제거 및 제품생산 공정문제점 개선 방안을 설정하여 생산공정 상태(설비능력, 작업조건) 안정화와 공정 생산품(재공품, 완성품) 표준화 수준을 관리함

[공정품질 검사]

검사대상	검사량	결과판정
• 형상조성 가공품(절삭, 용접, 주·단조, 성형, 압연, 프레스, 압출) • 형질조성 가공품(열처리, 도금, 도장, 정제, 첩부) • 외주가공품(사양, 규격, 물리·화학적 조성)	• 전수검사 • 샘플링검사	합격 및 불합격 판정

□ 생산공정 가공품(재공품)의 품질검사는 공정검사 기준(형상, 치수, 중량, 물성)에 따라 시행되고 생산공정 LOT(동일조건과 성상으로 생산되는 제품의 총량 단위) 크기에 따라 검사량(샘플 수)을 결정함
- 공정검사 결과에서 불합격품이 발견될 경우 검사성적서를 작성 보고한 후 불량방지 대책을 수립함
- 공정품질 불량품 중 후순위 생산공정에서 불량품의 형질 개선(불량원인 제거)이 가능할 경우에는 개선조치 식별 표시 후 후

IV. 핵심직무 실무능력 개발

순위 공정으로 이동시킴

□ 검사결과는 생산공정, 생산설비, 생산방법별로 작성하여 주기(일·주·월, 분기)별로 보고 및 DB 관리함

[품질 검사 종류]

구분	검사종류	검사방법
관리단계별 검사	수입(조달)검사	• 원·부자재, 설비, 기자재 등 외부 조달품의 구매조건(발주계약) 충족성 검사
	공정(중간)검사	• 생산공정 과정의 재공품(가공품, 부품)에 대한 사양, 규격, 물성 검사
	완성품(최종)검사	• 제품에 대한 특성(형질, 물성, 표준화)과 생산도면 충족성 수준을 제품별 품질검사 기준(KS, ISO)으로 검사
	출하(출고)검사	• 완성품 검사 결과(시험성적서)와 물류관리(포장, 운송, 보관) 요건의 충족성과 표준화 수준을 검사
	관리 검사	• 제품보관(제품이력, 적재, 항온, 항습, 형질변형) 상태검사(실태확인)
검사방법 분류	전수 검사	• 검사대상 품목(제품, 원·부재료, 기자재) 전체를 검사(규격, 형상, 표준)
	샘플(발췌, 선별) 검사	• 전체량(모수)에서 일정량(표본추출) 선정(샘플링)한 후 이를 대상으로 검사
	자주 검사	• 검사대상, 검사량, 검사방법, 검사주기 등을 자율적으로 선정하여 주체적으로 실행하는 검사
	무검사	• 검사대상 품목에 품질검사 성적서(사전검사)가 첨부된 경우 결과(시험성적서)를 확인한 후 검사를 면제하는 경우
검사장소 구분	정위치 검사	• 검사 및 시험장비가 설치되어 있거나 검사환경이 조성된 장소로 검사 대상품목(샘플)을 이동하여 검사하는 방법
	순회(출장) 검사	• 생산공정 및 설비조립 장소에 순차적으로 찾아가서 검사하는 방법

구분	검사종류	검사방법
검사형태 (성질) 분류	비파괴 검사	• 검사대상 제품에 형질변화 없이 실행하는 방법으로 X-선 검사가 있음
	파괴 검사	• 검사대상 품목의 형질변화(물성검사) 또는 절단면(화학반응)으로 검사하는 방법
	고장률	• 생산설비 안정성 수준(기간, 빈도)을 기준으로 불안정상태(반복성, 지속기간)의 비율을 산정
	신뢰성 검사	• 검사대상 총량에서 적정성 수준 또는 불량률에 대한 분포도 비율을 측정하는 검사
	관능 검사	• 검사 품목을 대상으로 감각(육안, 청각, 촉각)과 느낌(파장, 진동, 마찰력)으로 검사하는 방법
검사내용 분류	수량 검사	• 총량, LOT별 수량, 포장단위별 수량검사
	표시 검사	• 검사품목 사양(물성, 화학적 조성, 형질, 원·부재료, 중량), 생산정보(제조, 제작, 사용기간), 사용정보(사용, 보관, 품질, 서비스) 방법의 표시내용 검사
	외관 검사	• 검사대상 품목의 협상(규격, 치수, 구조, 표면, 균일성)을 검사
	성능 검사	• 검사 대상 품목의 성능(용량, 마력, 처리능력, 회전력, 전력소모, 영향력)을 검사
검사대상	원재료 검사	• 구매원재료 구매사양(조건) 충족성(양, 품질 수준, 표준화 수준) 검사
	부품 검사	• 설비부품(성능, 규격, 물성), 생산제품 결합(부착) 부품(형상, 표준) 검사
	반제품(공정제품) 검사	• 반제품 사양(형상, 물성, 표준화) 검사
	지그·공구 검사	• 검사 대상품의 규격, 정밀도, 마모성, 변형성 검사
	제조설비 검사	• 설비 가동능력, 생산능력, 생산품 정밀도 및 품질 균일성, 고장률, 에너지 소모율 검사
	계측기·시험기 검사	• 성능(규격, 처리능력, 신뢰도) 정밀도, 변형률, 마모성 검사

2.4 외주품 품질관리

□ 외주품(외주기업 가공품, 외부기업 생산품, 하청기업 생산품, 외부수입 등)의 품질관리는 외주품의 품질을 표준화시켜 최종 생산제품(완제품)의 신뢰성 향상과 품질보증 체계 구축을 위해 시행됨

□ 외주품 조달(구입, 입고) 과정에는 중량, 수량, 형상, 포장상태의 검수와 제품생산 조건(원·부재료, 생산방법, 생산과정, 제품포장)과 제품특성(물성, 화학적 조성, 규격) 검사를 외주기업에서 제공하는 검사 시료 또는 검사용 시료를 조달품 중에서 샘플링하여 검사함

- 외주품 검사 방법은 제품검사 표준 사양(검사 기준)에 따르고 불합격 판정품은 클레임 처리를 한 후 거래명세서 내용을 정정하여 처리함

IV. 핵심직무 실무능력 개발

[외주품 품질검사 체계]

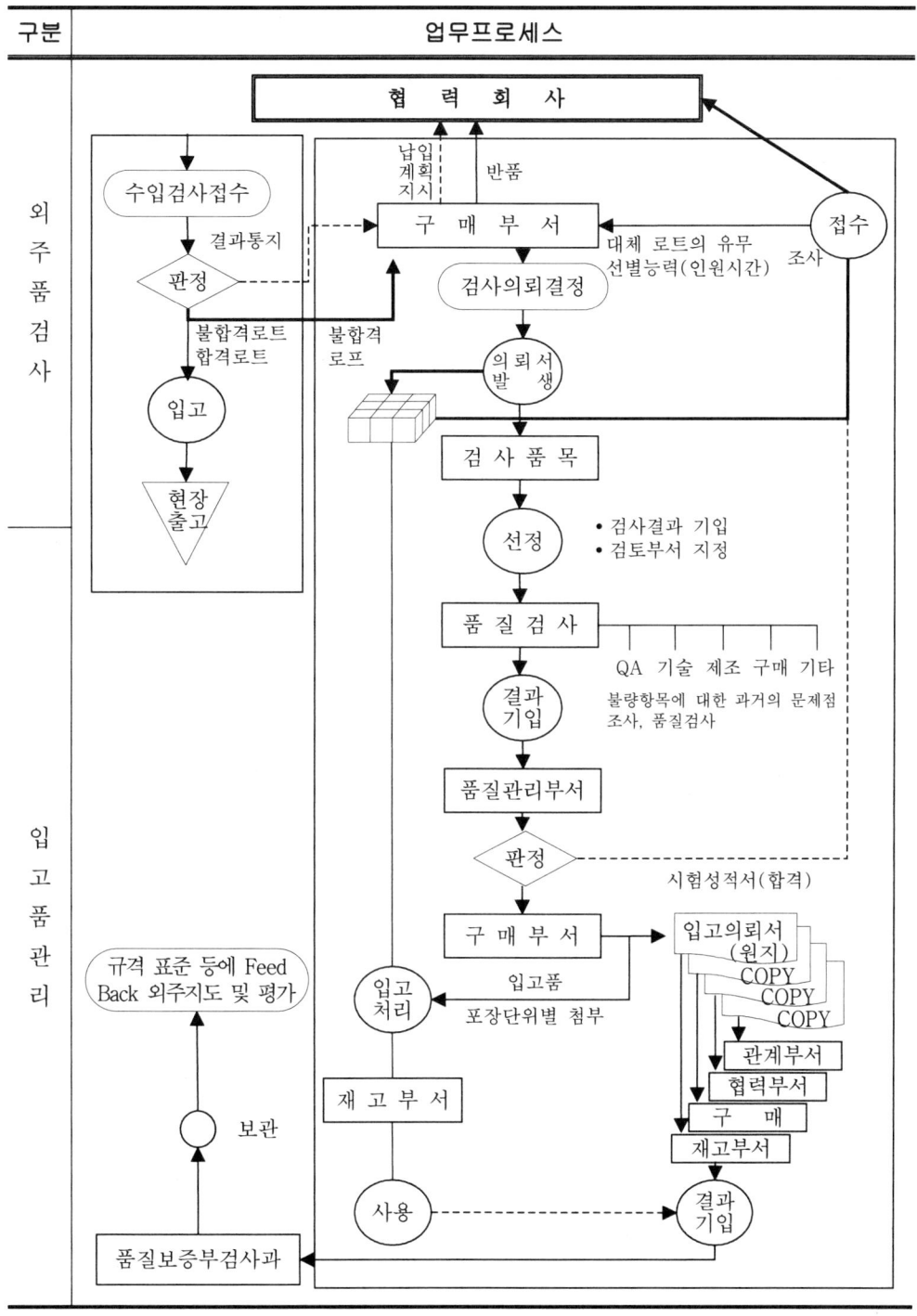

□ 초기 양산품(시험 생산) 검사
- 외주생산 기업에서 전수검사(제품사양, 규격)한 후 검사성적서를 착상하여 납품하되 수입검사(외주 조달기업)용 시료(시편)를 2개 이상 첨부함
- 수입검사 시료를 검사한 후 합부 판정한 결과를 구매부서에 통보하여 거래명세서 처리를 지원함
- 검사결과 부적합 판정 시 시정 조치(제품, 생산방법) 후 재(추가)검사 결과(합격)와 수정 공정도를 첨부하여 납품함

□ 양산품(상시 생산) 검사
- 양산제품 납품은 납품기일 이전(1~2주)에 생산품의 품질보증서(시험성적서)를 제출(외주조달기업 품질관리 부서)하여 승인받은 후 납품일에 시험성적서를 첨부하여 납품함
- 제품납품 시에는 첨부되는 시험성적서와 별도로 품명, 로트번호, 수량, 생산자, 납품일자를 포장지에 기재하여 납품함
- 시험성적서로 대체할 수 없는 정밀검사(시험) 제품은 납품 시 로트 당 2개 이상의 시험편을 제출받아 검사(시험) 후 제출된 시험성적서 기재내용과 비교하여 합격, 불합격을 판정함

가. 검사결과 처리

□ 검사 합격품 관리
- 합격판정품(시작, 양산)은 품질검사성적서(결과표)를 구매부서로 통보한 후 입고 처리함

□ 불합격품 처리
- 불합격 판정 외주 조달품은 구매부서에서 반송처리 되도록 조치하며, 외주생산업체 통보 후 판정 결과에 대한 이의가 제기될 경우 1회에 한해 추가 검사를 실시한 후 최종 검사결과를 판정함

□ 검사기록
- 외주품 검사 이력관리 대장에 외주생산자, 조달품목, 검사내용, 입고수량, 로트번호, 검사결과(판정), 검사(시험) 시료(소재)를 기록하여 관리함

3. 품질보증 관리

3.1 품질보증 관리

□ 생산제품의 품질 보증(기능, 효용, 품질, 서비스) 활동(선택안심, 사용만족)으로 소비자 또는 유통기관을 대상으로 실행함
- 품질보증 활동은 제품기획 단계에서부터 시작되어 설계 단계, 생산준비 단계, 양산단계, 사후서비스 단계까지 전사적으로 이행됨

IV. 핵심직무 실무능력 개발

[품질보증 사이클]

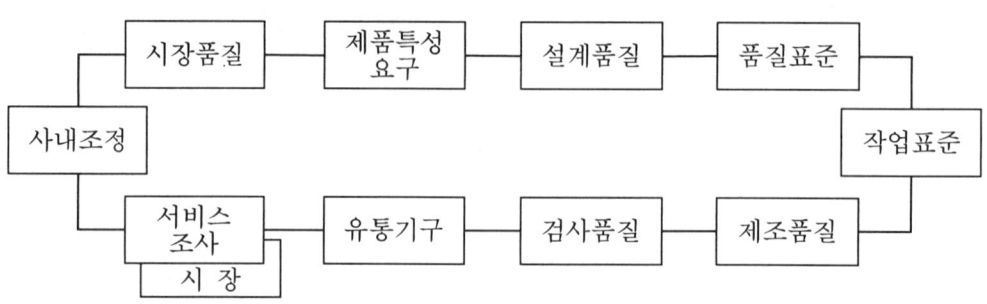

[품질보증 활동]

구분	역할	활동내용
제품기획 단계	제품개발·연구	• 원재료, 부품, 제품, 시방 및 도면 작성 • 품질특성(기준, 규격) 명시와 목표 품질 설정 • 제품신뢰도(품질, 물성, 형상) 평가
제품설계 단계	생산기술 개발	• 공정설계와 작업방법 선정 • 작업 치·공구 및 검사장비 설계 제작 • 공정 설비 점검과 가공품 품질검사 기준 설정 • 외주제작 사양과 품질검사 방법 관리
생산준비 단계	생산관리 부문	• 제품품질 규격과 관리 사양 • 작업표준과 공정능력 안정화 • 공정설비 및 치·공구 규격과 정비 기준 • 공정가공품 품질검사 방법
제품양산 단계	품질보증 활동	• 제품별 품질검사 및 보증 활동 • 제품검사 규격 및 검사기준서 관리 • 공정검사(원·부자재, 중간제품) 관리 • 품질개선 활동 • 품질불량 문제점 분석과 개선 • 품질불량 정보 DB 관리
제품 사후 서비스 단계	마케팅 활동	• 시장정보 수집·분석 • 거래처(선)별 제품정보 관리 • 고객클레임 및 불만요인 관리

IV. 핵심직무 실무능력 개발

[품질 보증 활동]

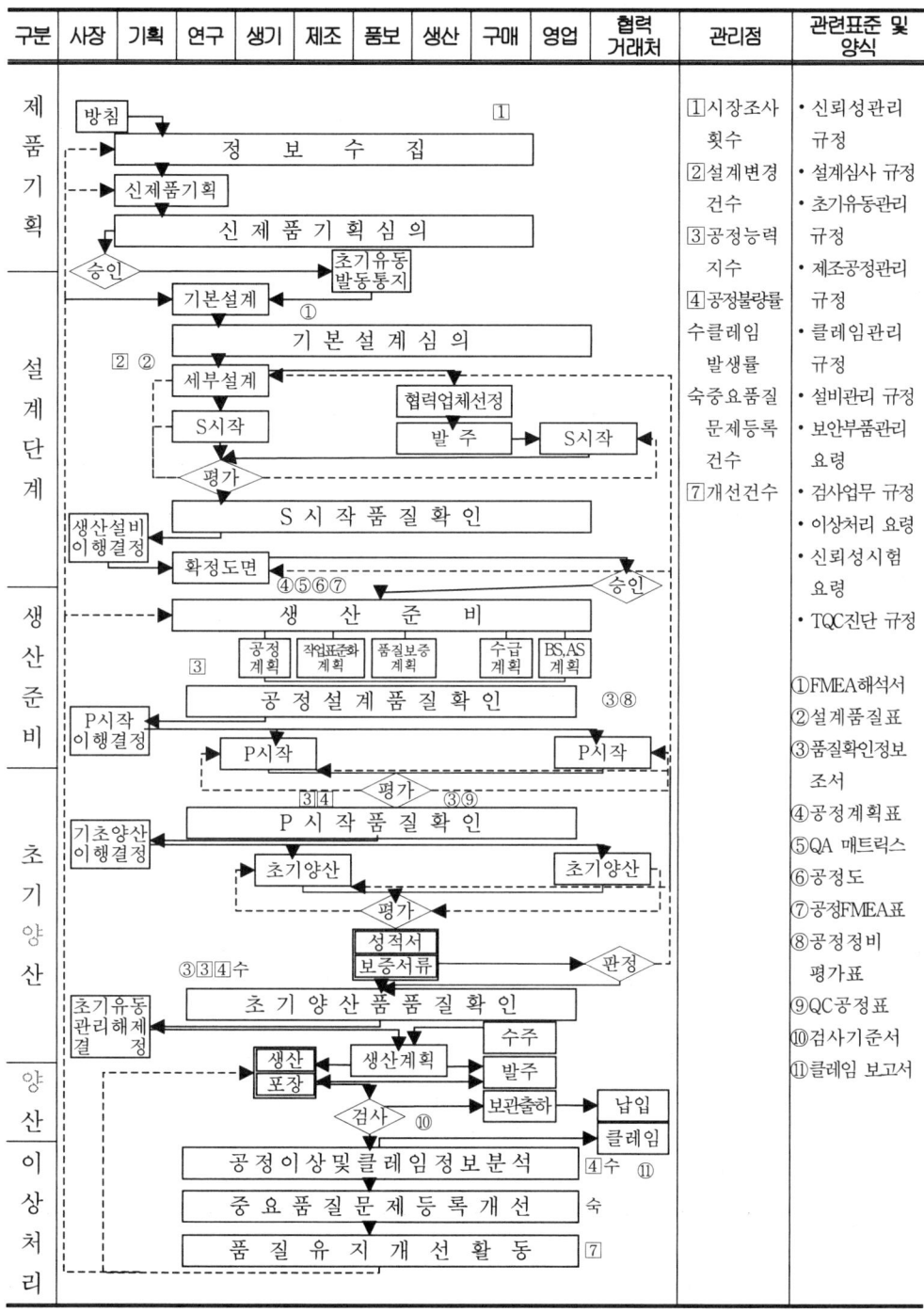

3.2 제품품질 관리

가. 초기품질 관리

□ 생산제품 시스템 변동(제품사양, 설비사양, 생산공정, 생산방법)에 따른 초기 품질관리 방법을 설정하여 품질관리 효율화를 지향함

□ 초기 품질기준(규격, 요구사항, 표준화) 충족성과 품질 안정성(지속성, 균일성) 관리로 소비자 신뢰도와 고객만족도 향상을 실행함

[초기 품질 관리 과제]

구분	관리내용
초기 품질	• 최초 생산 제품에 적용되는 품질관리 기준
초기 제품	• 신제품 개발 및 제품 사양(설계 변경 후 초기 생산제품 • 생산설비(이설, 자동화, 개조, 변형) 공정, 작업방법의 설정 및 변경 후 초기 생산제품 • 생산장소 변경, 원·부재료 변경, 공구 및 기자재 변화 후 초기 생산제품
초기 제품 평가	• 초기 생산제품의 사전 품질 평가, 생산관리체계 평가, 생산공정(초물, 중간물, 종물) 품질 평가
작업표준 관리	• 초기 생산제품 체크시트, 작업지도서, 품질체크(형상, 규격), 공정검사 기준(내용, 방법, 판정) 설정 및 조정
생산공정 조정	• 시험 생산 공정에서 양산(본) 생산 공정으로 변경 • 생산 설비, 장비, 치공구 및 생산(작업) 방법 변경 • 원·부재료 및 생산자재의 변화·조정 • 생산직 업무역량 개발 및 작업자 변경

나. 제품품질 검사

□ 제품품질 검사는 제품별, 로트별로 검사기준에서 정하는 절차와 방법에 따라 측정, 시험, 현상 조사하여 판정 기준에 따라 양호·불량, 합격·불합격 판정을 함

[제품품질 검사 요건]

구분	역할
검사단위	검사를 목적으로 뽑는 개체 또는 단위 물량
검사로트	검사로트란 검사대상으로 하는 단위 개체 또는 단위물량을 검사 목적 하에 모은 것
시료	시료는 로트로부터 검사 목적으로 채취되는 하나 이상의 검사단위체
시료의 크기	시료중에 포함되는 단위개체 또는 단위물량의 수
로트의 크기	로트중의 개체단위 또는 단위물량의 수
샘플링 검사	로트마다 시료를 뽑아 그 시료를 조사하여 로트의 합격·불합격을 판정하는 것
체크검사	샘플링 검사 때보다 적은 샘플링 개수로 공정의 관리·검사 등을 하는 검사
전수검사	검사로트를 전부 검사
재검사	불합격된 로트의 사용여부를 재검사하여 처리하는 역할

□ 검사준비

- 제품 검사를 위해서는 검사대상(수입, 중간, 제품)과 검사방법(전수, 샘플링, 체크, 자주)을 선정한 후 검사 조건(대상, 방법)별로 검사 업무를 준비함

IV. 핵심직무 실무능력 개발

- 제품(특성)별 검사기준(측정, 분석)과 합격·불합격 판정척도 분류
- 검사 계측기 정밀도, 변형도 점검과 보관 관리
- 검사대상 제품 분류(모수, 표본) 및 검사시료 관리
- 검사규정, 관리 및 품질정보 수집·분석 관리

☐ 제품 검사 실시

- 제품별 검사 규격과 기준서는 KS(한국공업규격) 또는 ISO(세계표준공업규격)를 적용하거나 주문생산자가 요구하는 규격 또는 제품도면에 기초하여 검사를 시행함
- 검사장소는 수입검사(구매제품)의 경우 입고창고(수입검사실), 중간검사는 생산공정에서 실시하고 정밀측정(물성, 화학초성, X-선 비파괴) 검사는 지정된 시험 측정실에서 실시하며, 사내 측정이 불가능한 검사항목은 외부기관에 의뢰하여 시행함
- 검사원 단독으로 검사결과 판독이 어려울 경우에는 상급자와 협의하여 판정하고, 입회검사(검사과정 참여)를 요구할 경우 부서장의 승인으로 참여여부를 결정함

☐ 검사원 역량 관리

- 제품 검사원은 제품 특성과 제품도면, 생산방법과 생산공정 환경, 제품규격(물성, 화학적 조성, 형상)과 검사기준(방법, 내용, 척도), 검사결과 판정 요건의 숙지 및 검사 역할의 숙련이 필요함
- 특수 전문분야 제품을 검사할 경우에는 검사원 자격이 요구되는 경우도 있음

[검사 역량 관리 내용]

구분	역할	역량
검사기준	검사업무	검사의 일반내용
	도면 읽는 법	도면 표시 방법
	검사기술(일반)	해당검사 규격의 내용, 계측기의 취급
	검사기술(종별)	제품기능, 불량현황과 원인, 검사기기의 취급 보안특성과 제품의 기능, 시험방법 등
제품특성	작업표준의 체계	작업지도서, 중요품질체크표, 검사기준서, 초물 종물체크시트, 시업종체크시트, 이품방지체크시트 등 QC 공정표
	초품확인 업무	초기 유동관리, 초품 정의
	이상처리 업무	이상의 정의, 이상처리 요령
	개선 업무	공정능력 조사, QC 도구
	해당 검사공정의 작업	작업 지도서, 중요품질체크에 의거한 검사

[검사원 자격 요구 검사내용]

검사의 종류	검사대상
제품 기능의 검사 (SUB ASS'Y 포함)	- 완성품의 성능, 외관, 치수 등 최종 기능 검사 - 센스반응 검사, X-선 검사
특수 공정의 부품 검사	- X-선 검사, 특수 공정 부품의 치수, 외관검사
TEAR DOWN 검사	- 완성품의 분해에 의한 제기능의 검사

다. 제품 클레임 처리

□ 클레임 체계

- 제품 클레임은 생산, 판매 제품이 고객 불만족을 유발시켜 클레임(반품, 보상, 서비스 요청) 될 경우 제품의 문제점(제품특성, 품질수준) 요인 분석과 개선 방향을 설정하여 재발 방지를 관리함
- 소비자 클레임(불만)을 신속, 정확하게 처리하여 제품품질과 신뢰도를 향상시키고 클레임을 예방함

[클레임 관리 시스템]

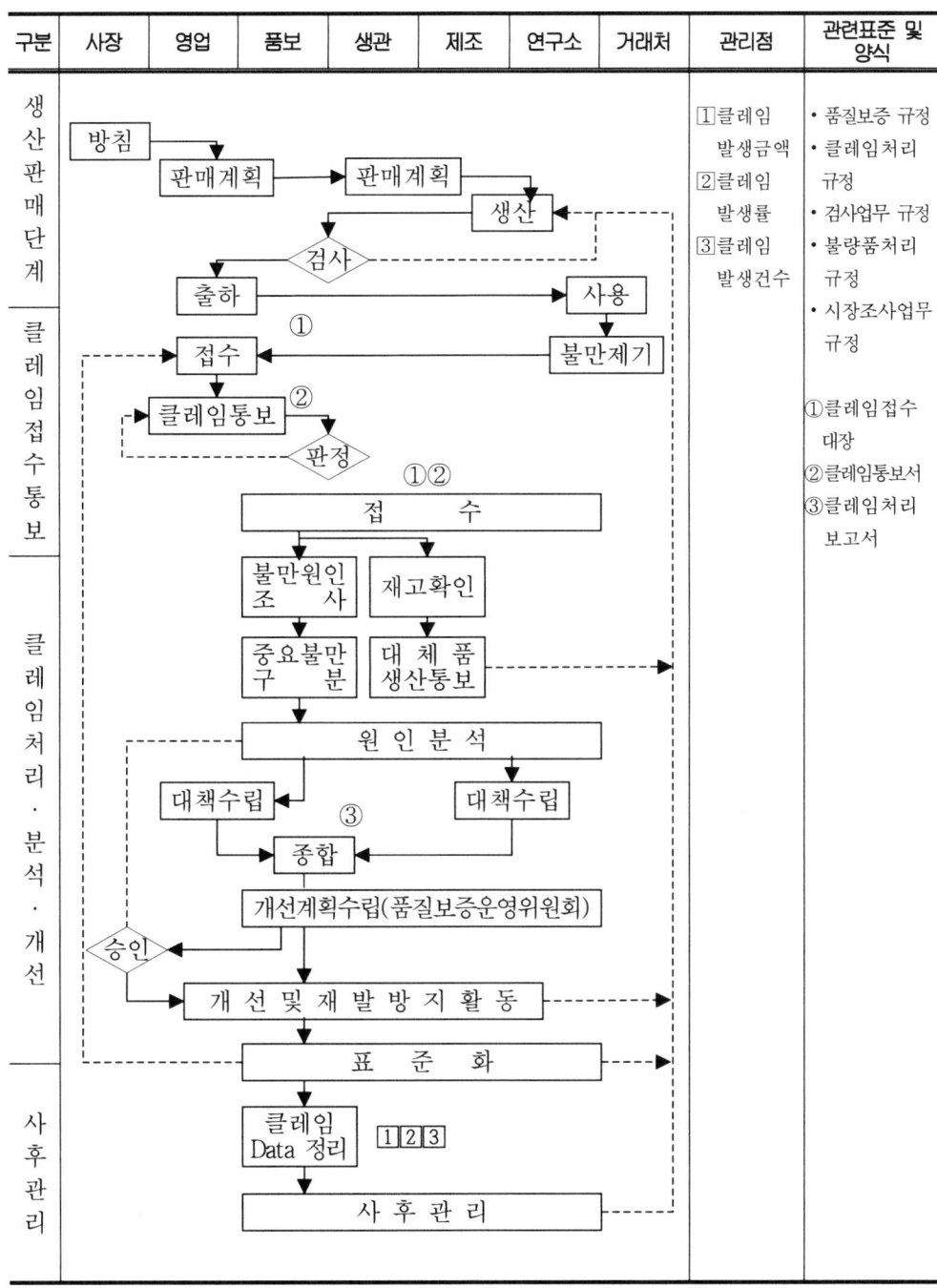

IV. 핵심직무 실무능력 개발

□ 클레임 관리

- 산업용 제품은 영업부문(조직)에서 소비재 제품은 고객관리 부문(조직)에서 제품 클레임을 접수하여 클레임 접수 리스트에 등록한 후 사실관계 확인 후 품질관리 조직에 통보
- 접수된 클레임 내용에 의거 제품생산 이력(로트번호, 생산공정, 생산설비, 생산일정, 품질검사 결과)을 추적하여 클레임 현황과 발생원인 검토, 개선안 및 클레임처리 방법(교체, 보완, 수정, 서비스)을 설정하여 관련부서 부문(영업, 생산, 서비스)에 통보
- 클레임 원인별, 조치 방법별로 처리계획을 보고하여 결재를 득한 후 결재 내용에 따라 후속조치(클레임 처리)를 이행함

[클레임 정보 관리]

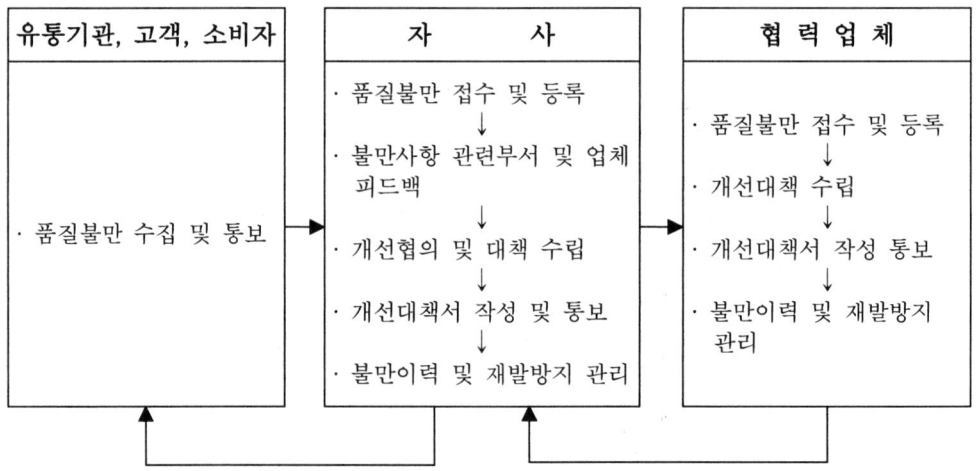

[클레임 처리 역할]

구분	수행역할
영업부문 (고객관리)	• 클레임 접수 및 관련 부서(생산, 품질관리) 통보 • 잠재 클레임(예정) 조사·분석 • 클레임 처리(교환, 서비스 계획) 계획 및 실행
생산부문 (생산공정)	• 클레임 발생 로트 추적과 원인 분석 • 클레임 발생 문제점 개선과 대책 수립 • 클레임 후속조치(교환품 생산, 제품품질 수정) 관리
품질관리 (품질보증)	• 클레임 정보(접수, 처리내용) 관리 및 결과보고 • 클레임 방지대책(품질개선, 검사강화) 수립 및 사후관리 • 클레임 발생빈도 및 품질 신뢰도 평가

□ 클레임 처리

- 클레임 발생원인과 계약내용(소비자 보호법, 상거래 관행), 보증기간에 의해 유·무상 처리(기준)를 함
- 무상관리(교환, 수정, 반품, 서비스)
  - 제품 설계 및 생산 과정의 결함
  - 제품물류(수송, 유통) 과정에서 발생된 결함
  - 사용중(정상상태) 제품 형질과 품질 변화의 결함
- 유상관리
  - 규정된 보증 기간이 초과된 후 발생된 제품 결함
  - 사용 및 취급 부주의로 인해 발생된 결함
  - 우발적 사고(천재지변)에 의한 결함

4. 개발제품 품질관리

4.1 개발제품 품질 표준 관리

□ 신제품 개발 단계에서부터 품질관리 기준과 방법을 설정하여 설비투자 및 생산공정 설계 합리화와 생산관리 효율성을 도모하고 제품생산성 향상을 관리함

□ 신제품 개발 과정에는 다양한 기능분석(산업, 시장, 소비자, 경쟁자, 경영자원)과 개발방향(목표시장, 개발능력, 제품특성, 생산기술, 생산능력, 제품품질)이 시스템적으로 설정되므로 총체적이면서 일괄적인 개발방향 설정이 필요함

- 신제품 개발 아이디어 검토(수렴, 분석, 구성) 과정에서부터 소비자 요구 품질과 충족요건, 실행가능 서비스 수준을 설정하여 제품개발 아이템을 선정함

- 개발제품의 영업활동에 필요한 경쟁기업(제품, 이미지)과의 제품특성기술, 성능, 품질, 내구성) 차이와 서비스(품질보증, 전문화, 표준화) 수준의 선정 및 관리가 요구됨

- 개발제품 생산활동을 위한 원·부재료와 부자재 규격(종류, 사양)과 공정설비(성능, 능력) 및 작업방법(표준, 순서, 역할)의 매뉴얼화(표준화, 시스템화)가 체계적이고 일괄적으로 설정되어 운영되어야 함

Ⅳ. 핵심직무 실무능력 개발

[개발제품 품질규정 관리 역할]

구분	제품개발	품질설계(규정)
신제품개발 위원회	• 제품개발 정책 결정 • 제품개발 계획 승인	• 중장기 연구개발 계획 승인 • 신개발상품 선정과 개발 결정 • 기술도입 심의 • 시장개발 전략 수립
기획(영업) 부문	• 제품개발 기획 • 소비시장 개발 계획 수립	• 정보(산업, 시장, 경쟁자)수집 및 종합검토 • 개발품목 선정 및 수익성 검토 • 기술도입선 검토
영업 부문	• 영업전략 개발 • 제품판매 관리	• 시장 및 경쟁업체 정보수집 • 판매계획 수립 및 판매 관리
연구개발 부문	• 제품개발(특성, 기능, 사양) 연구 • 제품품질 규정(규격, 검사) 관리	• 중장기 연구개발 계획 입안 • 목표품질 설정 및 품질특성 확인 • 제품설계 및 시작 • 시험평가 계획 및 실시
생산기술 부문	• 제품도면 제작 • 제품생산 기술(사양, 방법)	• 설비 중장기 투자 계획 입안 • 공정계획 및 설계 • 치공구 계획 및 설계제작 • 설계능력 조사 및 보완
품질관리 부문	• 품질관리 방법(대상, 방법) 설정 • 제품품질 검사(원재료, 공정, 완제품)	• 품질보증체제 확립 • 품질특성 확인 검사 • 개발부품 시험평가
생산(관리) 부문	• 생산공정(설비, 방법) 표준 관리 • 생산제품 표준(특성, 성능, 물성, 화학조성) 관리	• 개발일정 종합 진도관리 • 작업표준 설정 • 작업조건, 설정 및 유지 관리 • 부품개발계획 입안 및 실시 • 구입자재 확보

IV. 핵심직무 실무능력 개발

[신제품 개발 체계]

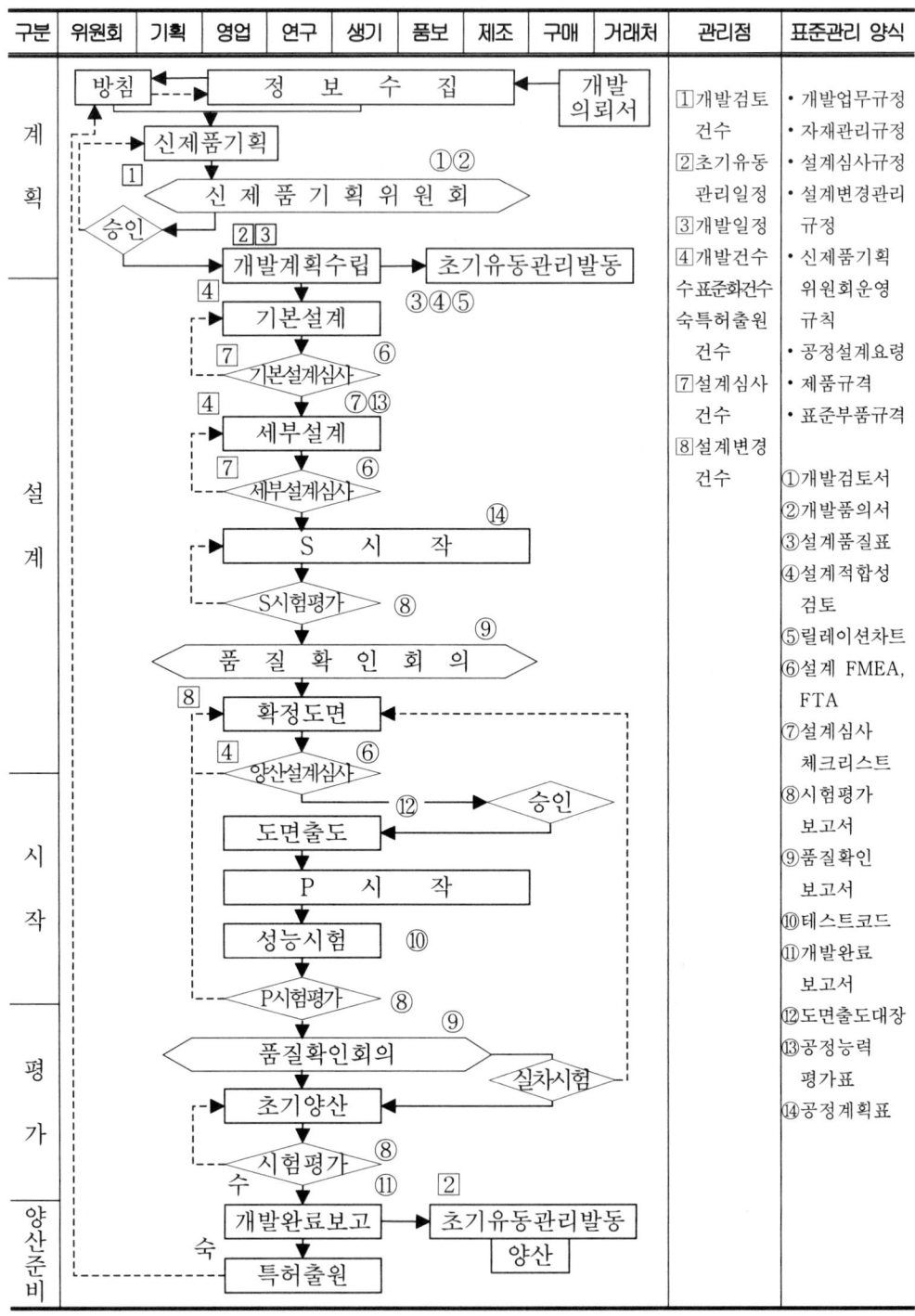

4.2 제품개발 단계별 품질관리

가. 제품설계 품질관리

□ 제품설계 단계에서부터 양산제품의 품질관리(보증, 서비스) 시스템 [설계심사(기술, 특성, 도면), 품질평가(원재료, 외주품), 공정품질(가공품, 방법표준), 제품품질(특성, 형상, 물성, 화학적 조성), 서비스품질(보증, 서비스) 관리] 매뉴얼을 설정하여 품질관리 프로세스를 체계화시켜야 함

[개발제품 품질매뉴얼 구성]

구분		품질매뉴얼	구성내용(관점)
설계	설계심사	• 설계입력에 따른 설계출력검증 (시장도면) • 제품시방 확인표, 설계FMEA, FM리스트 • 설계심사(설계심사표)	• 원재료, 제품생산 공정에 따른 표준류 개정 • 제품품질 평가내용의 검사기준 설정 • 타제품 생산 공정에서 과거 발생하였던 문제점은 생산공정 표준관리 방향의 설정
	시작 품질확인	• 품질확인(제품시험평가표, 확정도면, 품질표, 시작 품질 확인보고서)	
생산준비	공정설계 품질확인	• 생산준비 사항 점검 및 확인(생산준비일람표, 공정정비평가표, 제품생산매트릭스, 공정설계 품질확인보고서)	• 품질관리 공정표는 작성 정비 • 품질관리 공정표에 준하여 공정에서 생산방법 표준화 확인 • 각 공정마다 작업표준서 작성, 정비 관리 • 작업표준 준수현황 확인 관리 기준 • 각 작업공정마다 검사, 판정기준 구성 • 공정불량 처리방법 및 문제점 관리내용 구성
		• 생산준비사항 점검 및 확인(설계변경관리표)	
양산관리	제품 품질확인	• 판매정보교환(시장서비스계획표) • 제품생산단계 품질평가(사내·협력회사 공정능력평가표, 제품품질확인보고서) • 제조 표준류 확보(품질관리 공정표, 작업지도서, 중요품질 체크표, 체크시트류)	• 생산공정(설비, 방법, 능력) 표준관리 매뉴얼 구성 • 생산품(가공품, 제품) 검사(대상, 방법, 판정) 기준 매뉴얼 구성 • 제품품질 평가(표준, 특성, 물성, 화학조성, 내구성) 기준 매뉴얼 구성 • 제품보증(기간, 서비스) 매뉴얼 구성
	양산 품질확인	• 초기양산단계 품질평가(공정감사보고서, 사내·협력회사 공정능력평가표, 종합일정표, 초기 제품품질 확인보고서)	

[개발제품 품질관리 매뉴얼(일람표)]

구 분		과제	관리내용	기획실	연구소	생기부문	제조부문	생관부문	구매부문	영업부문	품보부문	관리표준
제품기획	제품기획	개별제품 기획의 적정	• 개별 제품기획의 입안	◎	○					○		• 품질보증규정
			• 개별제품기획 심의	◎	○	○				○		• 신제품기획
			• 개별 제품개발 결정	◎	○	○				○		• 위원회규정
설계단계	기본설계	목표품질의 적합	• 제품구조 기능 파악		◎							• 초기유동관리 규정
			• 제품시방 확인		◎							• 설계심사규정
			• 제조문제점 검토			◎	○				○	
			• 내·외주생산성 검토		○	◎	○				○	
			• 공정능력 조사			○	○				◎	
			• 특허조사	○	◎							
			• 설계심사	○	◎	○	○	○	○	○	○	
	세부설계	설계품질의 적합성 평가	• 세부설계검토 • 심사반영		◎							• 신뢰성관리 규정
			• 제품별 특성분석		◎	○	○		○		○	
			• 요구품질의 반영파악		◎					○	○	
		시작품의 적합성 평가	• 시험평가 결과조사		◎						○	
			• 시작품질 확인		◎	○	○	○	○	○		
			• 확정도면 작성		◎							

Ⅳ. 핵심직무 실무능력 개발

나. 개발 공정 품질관리

□ 개발제품의 초기(시험) 생산공정 및 양산 생산공정 시스템의 품질관리 기준(규정, 대상, 방법, 표준화)과 품질검사 방법(표본, 방법, 판정)을 설정하여 생산공정 안정화와 생산품질 표준관리 시스템화를 구축함

- 생산(개발)공정 표준화는 생산설비 능력(설계, 점검, 정비), 생산공정 안정화(가동률, 마모율, 표준화) 공정 가공품 및 생산품 품질표준(방법, 역할) 관리를 통해 시스템을 구축함

[개발제품 품질관리 매뉴얼(일람표)]

구 분		과제	관리내용	위원회	기획실	연구소	생기부문	제조부문	생관부문	구매부문	영업부문	품보부문	관리표준
생산준비	준비실시	준비의 적합성	• 기술자료의 준비(시험항목별 요구성능별)			◎	○	○		○		○	• 설계변경 관리 규정 • 자료관리 규정 • 설비관리 규정 • 공정설계 요령
			• 시험검사준비 검토			○	◎			○		○	
			• 설계변경내용 파악			◎							
			• 품질표준매트릭스 작성			○	◎	○					
			• 유휴설비사용 검토			○	◎	○				○	
	준비평가	공정설계의 적합성 평가	• 공정계획의 실시				◎	○				○	
			• 포장표준 설정				○	○	◎				
			• 설비의 적정평가			○	◎	○					
			• 각 단계별 진도파악			○	○	○	◎				
			• 공정설계품질 평가	○		○	◎	○				○	
시험생산	생산시작	시험작의 적합성 평가	• 공정능력 조사 및 문제점의 파악				○	○				○	• 로트관리 규정 • 검사업무 규정
			• 실적원가의 검토		○				◎	○	○		
			• 작업자 훈련실시					◎					
			• 시장서비스 계획 작성			○		○			◎	○	
			• 설계변경의 확인			◎		○					
			• 시험평가결과 조사			○	○	○	○			◎	
			• 시작품질 평가	○		○	◎	○				○	
			• 작업표준류 작성				○	◎				○	
	초기생산	초기 생산품의 적합성 평가	• 작업자 교육훈련 실시					◎				○	
			• 외주품 초품검사							○		◎	
			• 초기 양산품질 확인	○		○	○	○		○	○	○	
			• 시작품 평가결과의 도면 및 표준류 피드백			◎	○	○	○	○	○	○	
	외주생산	외주품의 품질안정과 유지	• 외주품 수입검사							○		◎	• 협력업체 관리규정 • 외주품개발 업무규정
			• 외주품의 공정능력 개선					○		◎		○	
			• 외주품 이상처리와 개발방지 실시				○	○	○	◎		○	

IV. 핵심직무 실무능력 개발

구 분		과제	관리내용	위원회	기획실	연구소	생기부문	제조부문	생관부문	구매부문	영업부문	품보부문	관리표준
양 산	생산공정관리	제품품질의 안정유지	• 제조품질의 유지관리				○	◎	○			○	• 제조공정 관리규정 • 보안부품 관리요령 • 계측기관리 규정 • 이상처리 요령
			• 공정능력의 평가				○	◎	○			○	
			• 공정의 개선				○	◎	○			○	
			• 작업표준 개정				○	◎	○			○	
			• 공정이상처리와 재발방지				○	◎	○			○	
			• 계측기 관리				○	○	○			◎	
			• 설비관리(일상,정기)				◎	◎				◎	
			• 품질기록					◎	○			◎	
			• 불량재발방지대책실시			○	◎	◎		○	○	○	
			• 완성검사 실시					○				◎	
판 매	이상처치	클레임처리의 재발방지	• 클레임원인 조사			○	○	○		○	○	◎	• 클레임관리 규정 • 이상처리 요령
			• 클레임 판정					○			○	◎	
			• 클레임 집계분석								○	◎	
			• 클레임재발방지대책확인			○	○	○		○	○	◎	
개 선 활 동	품질개선	품질개선의 적합성	• 중요 품질문제 개선			○	○	○		○	○	◎	• 중요품질문제 관리규정 • TQC진단 규정
			• 잠재클레임 파악			○					◎	○	
			• 개선효과의 분석				○	○		○	○	◎	
	진단	진단	• 품질보증 활동진단	○	○	○	○	○			○	◎	
			• 품질보증활동미비점파악	○	○	○	○	○			○	◎	
			• 개선대책 수립	○	○								

6. 학습내용 평가

□ 품질관리 직무
문1. 품질관리의 역할이 아닌 내용은 무엇입니까?
　　① 품질표준 관리　　② 품질보증 관리　　③ 품질경영 활동
　　④ 품질서비스 관리　　⑤ 생산공정 설비관리

문2. 품질표준 관리 업무역할이 아닌 것은 무엇입니까?
　　① 품질설계 활동　　② 공정검사 활동　　③ 제품검사 활동
　　④ 생산기술개발 활동　　⑤ 공정품질 평가활동

문3. 품질경영 활동의 내용이 아닌 것은 무엇입니까?
　　① 품질방침 관리　　② 업무성과 관리　　③ 기술혁신 관리
　　④ 업무표준화 관리　　⑤ 제품생산성 관리

문4. 품질표준 관리내용이 아닌 것은 무엇입니까?
　　① 원·부재료 규격관리　　② 설비능력·성능관리　　③ 작업방법 표준관리
　　④ 생산기술 정보관리　　⑤ 공정·제품품질 관리

문5. 제품품질 관리 역할이 적절하지 않는 내용은 무엇입니까?
　　① 생산표준 기술개발　　② 완제품 품질(규격·재질)검사
　　③ 외주 생산제품 품질관리 기준설정　　④ 제품품질 보증관리
　　⑤ 제품품질 보존(포장·보관)관리

□ 공정 품질관리 직무
문6. 공정 품질관리 내용이 아닌 것은 무엇입니까?
　　① 원·부재료 품질관리　　② 공정설비 표준성능 관리
　　③ 공정제품 품질관리　　④ 기술개발 표준화 관리
　　⑤ 고객서비스 품질관리

문7. 공정설비 표준성능 관리내용으로 적절하지 않는 것은 무엇입니까?
　　① 설비가동률 관리　　② 설비부하율 관리　　③ 설비교체 주기관리
　　④ 설비정체성 관리　　⑤ 제품불량률 관리

Ⅳ. 핵심직무 실무능력 개발

문8. 공정표준화 관리내용으로 적절하지 않는 것은 무엇입니까?
① 생산공정 이력관리　　　　② 생산공정 품질관리
③ 품질관리 정보 피드백　　　④ 원·부자재 구매·재고관리
⑤ 공정 가공품 품질검사

문9. 공정품질 확보방법이 아닌 내용은 무엇입니까?
① 설비가동률과 생산능력 점검　　② 가공품질 수준과 표준편차 관리
③ 공정품질 불량품 폐기관리　　　④ 생산품질 문제점 개선 및 효과점검
⑤ 제품특성별 품질검사·시험 전문화

문10. 공정품질 검사내용으로 적절하지 않는 것은 무엇입니까?
① 원·부자재 적합성 검사　　② 생산방법 표준화 검사
③ 생산설비 안정성 검사　　　④ 제품품질 충족성 검사
⑤ 생산기술 선진성 검사

문11. 품질검사 대상 선정방법으로 적절하지 않는 내용은 무엇입니까?
① 검사대상에 대한 전수검사　　② 검사대상의 일정량을 선정하는 샘플링 검사
③ 검사대상의 분류가 자유로운 자주검사　　④ 지정장소에서 검사하는 정위치 검사
⑤ 검사대상의 품질이 인정될 경우 무(면제)검사

문12. 제품품질 검사내용이 아닌 것은 무엇입니까?
① 제품LOT 및 포장단위의 수량검사　　② 제조설비에 대한 표준능력 검사
③ 제품특성과 사양에 대한 표시검사　　④ 제품형상(디자인)에 대한 외관검사
⑤ 제품의 속성(능력, 마력, 용량)의 성능검사

문13. 일반적으로 적용되는 외주품 검사 내용이 아닌 것은 무엇입니까?
① 중량·수량·형상 검사　　② 제품생산 조건(원재료, 생산방법·과정·포장)
③ 제품특성(규격, 물성, 화학조성) 검사　　④ 원·부자재 구매방법 검사
⑤ 제품생산(공정·설비·능력) 표준화 수준 검사

☐ 품질보증관리 직무
문14. 품질보증 활동의 내용이 아닌 것은 무엇입니까?
① 제품검사 규격과 검사기준서 관리　　② 생산 가공품 검사 관리
③ 유통경로 과정의 제품검사　　　　　④ 품질불량 문제점 분석과 개선활동
⑤ 품질불량 정보 DB관리

문15. 제품품질 검사와 관련된 설명내용으로 적절하지 않는 것은 무엇입니까?
① 검사를 목적으로 하는 개체의 수를 검사단위로 분류
② 검사대상의 단위를 검사목적별로 구분하여 검사LOT로 지정
③ 검사LOT에서 품질측정에 필요한 개체단위의 시료를 추출하여 샘플링 검사
④ 검사LOT 개체수가 적거나 검사결과 신뢰성을 위해 모든 개체를 전수검사
⑤ 불합격품 발생 제품LOT는 전량 폐기처분하고 제품생산을 중단

문16. 제품검사 준비 역할이 적절하지 않는 내용은 무엇입니까?
① 검사결과 신뢰성 확보를 위해 사외 전문검사 요원 초빙
② 검사대상(원재료·재공품·완제품)과 검사방법(전수·샘플링·자주) 분류
③ 검사대상별 검사기준과 합격·불합격 판정척도 분류
④ 검사기기·계측기의 정밀도·변형도 점검과 교정관리
⑤ 검사대상 시료·표본과 검사규정 및 검사결과 정보관리

문17. 제품검사 역할이 적절하지 않는 내용은 무엇입니까?
① 제품검사 기준자료는 KS, ISO 또는 제품주문 고객요구 공업표준규격을 적용
② 원재료 구매품 검사는 입고창고에서 생산 재공품 검사는 생산공정에서 시행
③ X-선과 물성·화학조성 등의 정밀측정 검사는 시험측정실에서 실시
④ 생산 재공품 검사는 육안검사, 완제품 검사는 정밀측정검사로 실시
⑤ 전문성이 요구되는 검사역할은 복수의 검사원이 입회하에 검사·시험함

문18. 클레임처리를 위한 부서별 역할이 잘못된 내용은 무엇입니까?
① 클레임 접수와 관련 부서(생산·품질) 통보는 영업부서 역할
② 클레임 발생 LOT 추적과 원인분석은 생산관리부서 역할
③ 잠재클레임 조사·분석과 클레임처리 계획 및 실행은 생산기술부서 역할
④ 클레임 방지대책 수립과 사후관리는 품질관리부서 역할
⑤ 클레임 문제점 개선과 후속조치(교환품 생산·수정)는 생산관리부서 역할

문19. 일반적으로 클레임 발생제품을 무상 교환하는 역할이 아닌 내용은 무엇입니까?
① 제품설계 및 생산과정의 결함 ② 제품 물류과정에 발생된 결함
③ 사용 중 제품형질과 품질변화의 결함 ④ 계약에 명시된 무상교환 조건의 발생
⑤ 사용 및 취급 부주의로 인한 제품결함

Ⅳ. 핵심직무 실무능력 개발

□ 개발제품 품질관리 직무

문20. 제품설계 단계에서 검토되는 품질관리 내용이 잘못 구성되어 있는 것은 무엇입니까?
① 품질보증관리 시스템
② 품질검사 기준과 평가내용
③ 생산기술개발 리스트
④ 공정품질 기준과 검사방법
⑤ 제품품질과 서비스 방법

문21. 개발제품 설계단계에서 목표품질 적합성 검토 내용이 아닌 것은 무엇입니까?
① 제품구조와 개발방향 확인
② 제품생산 문제점 검토
③ 내·외주 제품생산성 검토
④ 경쟁사 제품품질 관리정보 분석
⑤ 제품생산 공정능력 및 설계심사

문22. 생산공정 표준화관리를 위한 검토과제가 아닌 내용은 무엇입니까?
① 생산설비 능력 표준화관리
② 생산공정 안정화관리
③ 생산방법과 역할 표준관리
④ 제품설계 도면 보안관리
⑤ 품질관리(검사·시험) 표준관리

문23. 양산제품 품질안정화 관리내용이 아닌 것은 무엇입니까?
① 생산품질 유지·관리
② 불량발생 공정설비 교체·폐기
③ 생산공정 능력평가와 개선
④ 품질불량 방지대책 관리
⑤ 제품시험·검사와 품질정보 관리

문24. 개발제품의 품질매뉴얼 구성 내용이 아닌 것은 무엇입니까?
① 설계심사 품질확인서
② 공정품질설계 품질확인서
③ 생산설비 공정작업 지도서
④ 생산공정(재공)품 품질검사 기준서
⑤ 양산제품 품질평가서

Ⅴ. 조직행동과 직무적성 관리

1. 조직행동 관리

1.1 직무적응력 관리

☐ 직무적응력은 조직의 업무역할에 순응하면서 조직 또는 담당직무가 추구하는 목표실행과 성과달성에 기여하는 수준임

- 사회조직에 편재된 모든 직무는 요구되는 목표와 기대하는 성과수준이 있으며 조직원은 이를 실현하는데 요구되는 최적의 역할을 수행함
- 직무적응력은 직무별로 추구되는 목표와 성과실행 방법에 따라 차이가 있으므로 직무분야별로 적응력이 관리됨

가. 직무적응력 개발

☐ 제품품질 표준화관리 및 품질정보 분석능력 개발

☐ 생산기술·생산방법·생산공정 표준시스템 설계능력 개발

☐ 제품품질 신뢰도(형상, 성분, 물성)와 서비스(표준, 보증, 불만) 관리능력 개발

☐ 제품품질 계획과 목표관리 방법 및 운영능력 개발

☐ 생산공정 표준화와 제품생산성 관리 및 분석능력 개발

Ⅴ. 조직행동과 직무적성 관리

□ 품질경영 활동과 품질방침 관리능력 개발

나. 직무적응력 향상과제

□ 품질표준 계획과 목표관리(원재료, 설비, 공정, 방법, 기술, 제품, 생산성, 원가, 보증, 만족) 운영기반 조성

□ 품질검사 표준사양과 검사장비·기기 검·교정 실행력 향상

□ 품질관리 프로세스 설계와 품질정보관리 시스템 구축방법

□ 품질불만 예방·보전과 고객서비스 관리방법

□ 신제품 품질사양과 품질표준 관리 매뉴얼 설계능력

다. 계층별 직무적응력

□ 리더자 계층

- 제품설계 품질관리를 위한 생산기술, 생산방법, 공정능력 표준화와 원·부재료 규격, 품질검사, 고객요구 품질관리 역할 수행에 필요한 품질관리 계획 수립, 품질검사·시험 매뉴얼 관리, 생산공정 시스템 분석능력의 전문화

구분	직무적응력
담당역할	• 품질목표 관리, 품질검사 사양관리, 품질관리 프로세스 설정
업무행동	• 논리력과 판단력, 설득력과 조정력, 탐색력과 분석력
직무적응력	• 품질표준 관리 전문성과 불량예방 책임감, 고객요구 품질정보 분석과 핵심원인 파악, 품질경영활동 체계화 역량 필요

□ 중간관리 계층

- 생산제품 품질관리를 위한 품질목표, 품질표준, 품질경영 활동과

품질관리 규정, 공정검사 지침, 품질검사 방법과 품질수준 판정 능력의 전문화

구분	직무적응력
담당역할	• 품질정보 관리, 품질불만·대책관리, 고객요구 품질관리
업무행동	• 분석력과 조정력, 설득력과 추진력, 탐색력과 판단력
직무적응력	• 품질목표 지향성과 성과분석력, 품질관리 프로세스 통제·조정, 생산품질 계획과 제품불량예방·보전 과제관리 역량

□ 실무자 계층(신입사원)

- 제품품질 서비스 관리를 위한 소비자 요구 품질관리, 제품품질 정보 관리, 품질불만 고객관리, 불량제품 클레임처리 능력개발

구분	직무적응력
업무행동	• 이해력, 판단력, 분석력, 탐색력, 협동성, 추진력
직무적응력	• 품질검사 매뉴얼 관리, 품질검사·시험 정보관리, 소비 시장품질 요구도와 제품품질 경쟁력관리 의지와 추진역량

라. 핵심직무 적응력 관리

구분	적응력관리
기업환경 분석	• 품질방침과 품질경영활동 과제와 목표분석 • 생산기술·품질·서비스 경쟁력 분석과 시장성장성 • 품질계획과 품질표준화 관리 능력(기술, 방법, 공정)분석
조직역량 분석	• 제품특성과 품질사양 설계, 품질관리 프로세스 설정 • 제품품질 검사와 품질클레임 원인분석 • 생산공정·생산설비·생산방법의 품질관리 시스템 구축
사업가치 관리	• 품질관리(기술·원재료·설비·방법·인력·능력) 매뉴얼 설계 • 품질표준 사양(장비, 시험·검사, 정보)관리 • 고객요구(기술, 제품, 서비스, 신뢰도)관리 역량개발
사업성과 관리	• 제품품질 표준화와 생산성(불량예방) 관리 • 원·부자재 표준규격 관리와 시험·검사 전문화 • 생산품질 안정성과 제품품질 표준화 관리

V. 조직행동과 직무적성 관리

1.2 업무동기 관리

□ 업무동기는 조직에서 요구되는 직업의식과 개인별로 추구하는 성과목표의 조화와 부조화 수준에 따라 활성화 수준이 결정되어 업무성과에 영향을 미침
- 개인별로 할당된 직무를 활성화시키는 역할의 패턴으로서 의욕, 태도, 가치관, 목표성, 추진가치가 내포되어 역할을 견인시킴

□ 품질관리 분야 업무동기

───── 직업의식 ─────
○ 생산기술·생산제품·생산공정 품질표준화 관리
○ 제품품질·신뢰성·서비스와 고객만족도 향상
○ 대내·외 협력관리와 사회적 가치지향

───── 목적지향성 ─────
○ 제품품질 고급화로 시장성장성 촉진
○ 품질방침과 서비스 가치 전문화
○ 제품품질 안정성과 지속성 관리

[직업의식 관리]

구분	관리내용	역할패턴
직업의식	직업윤리 의식	• 기업의 윤리강령과 규칙을 명확히 이해하고 자신에게 주어진 업무에 기업에서 요구하는 윤리적 판단기준을 엄격하게 적용하여 스스로 의사결정을 하고 문제를 해결함 • 같이 일하는 동료의 역할을 존중하며 일의 우선순위와 중요도에 따라 무사 공평하게 처리함
	역량 전문화	• 맡은 업무에 대해 스스로 완결하려는 의지와 책임감을 느끼고 큰 무리 없이 스스로 일을 마무리함 • 자신의 분야에서 전문가로서 활동하기 위해 스스로 학습기회를 찾아서 발전시킴
	비즈니스 마인드	• 역동적으로 변하는 환경과 조직 전략간의 연계성을 고려하여 자신의 업무성과에 영향을 미치는 환경변수와 성과지표가 무엇인지를 스스로 파악하여 관리함 • 부서 또는 기업이 직면한 사업관련 이슈를 이해하고 그것이 자신의 업무 및 역할에 어떤 영향을 미치는지 인식함
	정보 수집과 분석	• 인적물적 네트워크를 통해 유통되는 정보나 지식이 무엇인지 탐색하고 정보를 정밀하게 분석하는 방법과 추세를 학습함 • 자신의 업무와 관련된 정보에 대해 자신만의 소스를 개발하며 수집된 정보를 회사의 기준과 업무과정 중 학습한 자신만의 노하우를 통해 체계적으로 정리함

V. 조직행동과 직무적성 관리

[목적지향성 관리]

구분	관리내용	역할패턴
목적지향성	성과 지향성	• 과업목표와 조직성과 달성을 위한 확고한 신념을 가지고 기업의 미래비전 실현을 위한 실행능력과 책임감을 보유하고 있어야 함 • 조직에 강한 지속력을 가지고 조직발전을 도모하면서 조직성과 관리에 요구되는 신념, 가치관, 업무태도를 활성화시킴
	가치 지향성	• 자기 성장성을 관리하여 사회적인 기대가치 실현과 조직역할의 전문화 추진, 조직과의 연대감을 향상시킴 • 조직 중심적인 가치관과 창의적이고 혁신적인 도전의식으로 조직신뢰감을 향상시키면서 담당역할에 충실함
	능력 지향성	• 기업 목표증진과 자기 삶의 미래가치 실현을 위한 능력개발 의욕을 높게 형성하고 지속적으로 자기역량 관리를 실행하는 패턴이 조성되어야 함 • 조직역할을 통한 사회적 이미지 형성과 창의성 개발에 적극적이며 새로운 조직환경에 적극적으로 대응하거나 순응할 수 있어야 함

[업무행동 관리]

구분	관리내용	역할패턴
업무행동	업무 추진력	• 사전에 정해진 일정 계획과 우선순위에 따라 자신에게 할당된 업무를 수행하면서 여러 업무과제 간의 우선순위를 판단하여 효과적이고 구체적인 방법으로 업무를 수행함 • 업무추진 중 돌발 상황이 발생할 경우 장애요인에 대한 대비책을 마련하여 기존의 관계와 계획에 따라 적절히 대응하면서 문제를 해결함
	업무 혁신성	• 일상적인 업무수행 과정에서 개선할 수 있는 부분을 찾거나 과거경험을 통해 새롭고 유용한 아이디어를 탐색 및 발견함 • 업무의 부가가치를 높이기 위해 기존의 방식을 개선하며 새로운 방식에 어느 정도의 위험이 따르더라도 좀 더 효과적인 절차나 방법과 기술을 모색함
	업무 리더십	• 전사적 관점에서 업무진행 상황을 점검하고 목표대비 달성정도를 철저하게 관리하여 기대성과를 창출하고 기업경영에 미치는 중요한 사안에 대해 소신있게 의사결정을 하며 업무난이도에 따라 업무역할의 우선순위를 관리함 • 중장기적인 조직운영 및 목표달성에 필요한 인적물적 자원을 계획하고 가용 자원을 전사적 차원에서 파악하여 미리 준비하며 조직간 시너지 효과를 고려한 자원 활용방안을 수립함

2. 직무적성 관리

☐ 직무적성은 담당직무수행에 특화된 선천적인 업무자질과 습관화된 업무패턴인 업무순응과 새로운 업무 적응능력에 대한 통칭적인 개념임
- 직무적성의 영향력인 선천적인 업무자질은 신체적인 특징 및 본능적인 정서와 인지력에 의해 형성되어 사물에 대한 지각과 행동방향성을 결정함
- 습관화된 업무태도는 사회적 학습과정에서 형성되는 가치관과 업무태도(순응력, 수용력)로 나타남
- 따라서 선천적인 업무자질에 순응하면서 습관화된 업무패턴으로 형성되는 가치관과 업무태도를 개발하여 관련분야 직무적성을 활성화 시킬 수 있음

☐ 직무적성 관리(학습)항목
- 고객요구 품질설계 Skill
- 제품표준 사양(품질수준, 검사방법)설계 Skill
- 품질불량 예방활동과 만족도 관리 Skill
- 자주적 품질관리 활동과 생산기술 혁신관리 Skill
- 품질검사(원·부재료, 설비, 기술, 방법, 제품) 표준관리 Skill
- 제품품질 보증(특성, 서비스, 만족도)관리 Skill

☐ 직무적성 개발
- 목표 지향성과 공간 지각력을 토대로 생산설비 성능, 생산공정

V. 조직행동과 직무적성 관리

안정성, 생산제품 품질표준화 수준을 관리

- 품질정보 분석력과 상황판단력으로 품질목표 관리와 품질불량 예방관리
- 업무적극성과 책임감으로 생산공정 및 생산방법 개선과 생산품질 안정화 관리
- 업무추진력과 조직 협동성으로 품질경영활동 협업관리와 품질목표 성과관리 시너지 효과를 향상시킴

3. 학습내용 평가

문1. 직무적응력이 가장 적절하게 표현된 내용은 무엇입니까?
① 업무역할의 순응력과 목표실행력　② 업무규정과 제도 이해력
③ 편재직무 성과실행력　　　　　　　④ 업무경험 능력
⑤ 업무학습 능력

문2. 조직의 리더자 계층에 필요한 직무적응력이 아닌 내용은 무엇입니까?
① 품질경영 목표관리　　　　　② 품질검사·시험 사양관리
③ 생산공정 설계와 설비배치　　④ 제품품질 문제점 해결
⑤ 품질관리 프로세스 설정

문3. 조직의 중간관리자 계층에 필요한 업무행동이 아닌 내용은 무엇입니까?
① 분석력　② 탐색력　③ 판단력　④ 설득력　⑤ 성취력

문4. 조직의 실무자 계층에 필요한 직무능력이 아닌 내용은 무엇입니까?
① 품질관리 매뉴얼 관리　　② 소비시장 품질요구도 관리
③ 제품품질 경쟁력 관리　　④ 공정설비 부하율 관리
⑤ 제품품질 서비스 관리

문5. 일반적인 관점에서 조직의 핵심직무 적응력 관리내용이 아닌 것은 무엇입니까?
① 조직직무 편재분석　　② 조직원 학습태도 분석
③ 조직역량 분석　　　　④ 사업가치 관리
⑤ 사업성과 관리

문6. 일반적인 관점에서 조직원의 직업의식에 해당되지 않는 내용은 무엇입니까?
① 직업윤리 의식　　② 업무성과 보상
③ 역량전문화　　　④ 비즈니스 마인드
⑤ 정보수집과 분석

문7. 일반적인 관점에서 조직목표 지향성에 해당되지 않는 내용은 무엇입니까?
① 성과지향성　② 가치지향성　③ 능력지향성
④ 성장지향성　⑤ 만족지향성

V. 조직행동과 직무적성 관리

문8. 일반적인 관점에서 기업을 지속적으로 성장시키는데 필요한 업무행동 관리내용이 아닌 것은 무엇입니까?
① 업무추진력　　　② 업무혁신성　　　③ 업무리더십
④ 업무만족도　　　⑤ 업무책임감

문9. 일반적인 관점에서 직무적성의 특성을 잘못 설명한 내용은 무엇입니까?
① 선천적인 업무자질　　　　　② 본능적인 지각능력
③ 습관화된 업무태도와 자세　　④ 논리적인 직무지식
⑤ 사회적 학습내용의 순응·순발력

VI. 학습내용 평가

1. 학습내용 평가관리

□ 직무분야별 학습내용에 대한 이해력 수준과 실무면접 대응능력을 평가하여 교육수료 수준의 결정과 추가학습 방향을 안내함

□ 교육평가 과제
- 핵심업무 내용 이해도
- 조직(팀) 고유직무와 업무목표
- 직무수행방법 업무성과
- 핵심업무 수행에 필요한 전문지식과 실행능력
- 업무시스템별 조직(팀)역할과 업무범위
- 업무 우선순위와 협의 조정역할
- 핵심업무 책임과 권한

□ 교육내용 평가방법
- 교육내용 온라인 평가관리
  - 다지선다형 및 단답형 문제평가
- 논술형 평가는 이메일 평가방법 운용(신청자에 한함)
  - 답안지 평가 후 첨삭지도
  - 본서 구성 단원별로 출제된 문제은행에서 중간평가 20문제, 최종평가 20문제로 평가함

VI. 학습내용 평가

□ 교재분야별 시험문제 출제
- 제1장 산업환경 변화와 기업인재상
- 제2장 조직기능과 편재직무
- 제3장 직무수행능력 관리
- 제4장 핵심직무 실무능력개발
- 제5장 조직행동과 직무적성 관리

2. 평가결과 활용

□ 평가결과를 참조하여 직무능력개발 상담 및 재교육 이수지원
□ 목표능력 점수 60% 이상 수준 평가자 직무분야별 직무교육 수료증 발행

VI. 학습내용 평가

3. 학습내용 평가 정답

Ⅰ장. 학습내용 평가 정답(p20)

문1 ③   문2 ③   문3 ④   문4 ②   문5 ①   문6 ④   문7 ⑤

Ⅱ장. 학습내용 평가 정답(p29~30)

문1 ③   문2 ④   문3 ②   문4 ④   문5 ②   문6 ⑤   문7 ④

문8 ①   문9 ③

Ⅲ장. 학습내용 평가 정답(p40~42)

문1 ⑤   문2 ②   문3 ④   문4 ②   문5 ①   문6 ⑤   문7 ①

문8 ④   문9 ③   문10 ②   문11 ⑤   문12 ①   문13 ③   문14 ①

Ⅳ장. 학습내용 평가 정답(p75~78)

문1 ⑤   문2 ④   문3 ②   문4 ④   문5 ①   문6 ④   문7 ③

문8 ④   문9 ③   문10 ⑤   문11 ④   문12 ②   문13 ④   문14 ③

문15 ⑤   문16 ①   문17 ④   문18 ③   문19 ⑤   문20 ③

문21 ④   문22 ④   문23 ②   문24 ③

Ⅴ장. 학습내용 평가 정답(p87~88)

문1 ①   문2 ③   문3 ⑤   문4 ④   문5 ②   문6 ②   문7 ④

문8 ④   문9 ④

저자 편창규

◼ 학력
광운대학교 대학원 경영학 박사(1999)
동아대학교 경영대학원 경영학 석사(1989)
한국방송통신대학 경영학(1985)
부산공업대학 금속공학(현 부경대)(1982)
영산농업고등학교 임업과(1974)

◼ 경력
효산지식인력개발원 원장(2009~현재)
효산경영연구소(주) 책임연구원(1993~현재)
한국생산성본부 외래교수(1999~2005)
경복대학교 경영과 겸임교수(1994.3~2002.2)
ACC컨설팅 경영진단팀 팀장(1991~1992)
동양금속공업(주) 기획조정실 실장(1988~1991)
신화공업(주) 생산기술부(1984~1988)
포스코 제강부 기사(1982~1983)

◼ 저서/공저
기업과 나 그리고 기업문화(1992)
직무분석 어떻게 할 것인가?(1993)
직무분석연구&신인사제도 설계(1997)
소비자행동 동기이론(2004)
소비자 인지행동(2009)
The Job 오케스트라(2012)
기업직무 파헤치기(2013)
금융지원 직무 취업&직무능력개발 어떻게 할 것인가(2016)
은행&증권 직무 취업&직무능력개발 어떻게 할 것인가(2016)
보험 직무 취업&직무능력개발 어떻게 할 것인가(2016)
경영관리 직무 취업&직무능력개발 어떻게 할 것인가(2016)
경영지원 직무 취업&직무능력개발 어떻게 할 것인가(2016)
영업관리 직무 취업&직무능력개발 어떻게 할 것인가(2016)
생산기술 직무 취업&직무능력개발 어떻게 할 것인가(2017)
경영기획 조직 실무능력개발 매뉴얼(2018)
경영관리 조직 실무능력개발 매뉴얼(2018)
인사관리 조직 실무능력개발 매뉴얼(2018)
영업관리 조직 실무능력개발 매뉴얼(2018)

저자프로필

마케팅전략관리 조직 실무능력개발 매뉴얼(2018)
회계관리 조직 실무능력개발 매뉴얼(2018)
재무관리 조직 실무능력개발 매뉴얼(2018)
총무관리 조직 실무능력개발 매뉴얼(2018)
고객관리 조직 실무능력개발 매뉴얼(2018)
구매관리 조직 실무능력개발 매뉴얼(2018)
생산관리 조직 실무능력개발 매뉴얼(2018)
생산기술 조직 실무능력개발 매뉴얼(2018)
품질관리 조직 실무능력개발 매뉴얼(2018)

◘ 직무분석, 조직설계, 인사제도설계, 경영평가 연구 주요 수행실적

TRW스티어링: 조직 직능개발과 기능 활성화를 위한 직무분석(1993)
공무원연금공단: 직무분석 및 중장기 경영계획수립 연구용역(2003)
국군재정관리단: 국방성과관리 연구용역(2013)
국민건강보험일산병원: 일산병원 연봉임금제 도입 관련 평가시스템개발 연구용역(2000)
국민연금공단: 인적자원관리 인프라 구축 연구용역(2001)
금호생명: 경력개발제도 연구용역(2006)
금호생명: 회사 적정조직 및 적정 인력규모 산정 연구(2009)
기아정기: 신조직 설계를 위한 직무분석(1993)
대전광역시동구청: 총액인건비제 도입과 조직개편을 위한 조직진단 및 연구용역(2007)
대전광역시중구청: 총액인건비제 시행을 위한 조직진단 용역(2007)
동부화재해상보험: 신조직 및 인사제도 설계를 위한 직무분석(1997)
동아시테크: 직능평가제도 설계를 위한 직무분석(1996)
동양폴리에스터㈜: 직무체계확립과 과업표준화를 위한 직무분석(1996)
미도파푸트시스템: 직능평가제도 및 연봉임금제도 설계를 위한 직무분석(1996)
부산항만공사: 직무분석 및 제도개선등 용역(2005)
부산항만공사: 팀KPI 운영메뉴얼 및 운영방안 개 발연구용역(2005)
서울특별시시설관리공단: 공단 업무재설계(B.P.R)자문 및 실시용역(2001)
순천대학교: 전기전자공학부 교과과정 개선 직무분석 연구용역(2016)
쌍용자동차: 정원산정을 위한 직무분석(1994)
우정사업본부: 우정사업 조직몰입도 수준조사 및 향상 프로그램개발 연구용역(2006)
우정사업본부: 우정사업 중장기 인재육성 방안 연구용역(2005)
울산항만공사: 2011년 울산항만공사 경영실적 평가 자문용역(2012)
울산항만공사: 2012년 울산항만공사 경영실적 평가 자문용역(2012)
울산항만공사: 비전, 경영전략체계, 조직 및 인사시스템 선진화 연구용역(2011)
인천국제공항공사: 조직관리 기본지표 개발을 위한 직무분석 용역(2005)
㈜도루코: 성과평가제도 설계를 위한 직무분석(2003)

㈜도루코: 조직 및 정원산정을 위한 직무분석(2000)
㈜삼흥사: 목표관리과제(MBO)설계를 위한 직무분석 연구(2002)
충남천안시: 전직원 적성검사 용역(2007)
태백관광개발공사: 조직진단 연구용역(2006)
한국가스안전공사: 2000년 직무분석. 고객만족도. 사업심사분석 용역(2000)
한국남부발전㈜: 임금피크제 직원 효율적 운영을 위한 발전방향 컨설팅용역(2017)
한국도로공사: 직무역량 평가체계 개발 및 활용에 관한 연구용역(1999)
한국마사회: 제주경마공원 관리사 직무분석(2002)
한국방송공사: KBS의 합리적 인원관리를 위한 직무분석(1992)
한국산업인력공단: 『직무분석』 연구용역(2003)
한국수자원공사: Kwater 총보상체계 합리화 방안 연구용역(2011)
한국수자원공사 수자원연구원: 수자원연구원 중장기 발전방안 연구용역(2007)
한국승강기안전기술원: 신인사제도 컨설팅(2011)
한국유리공업㈜: 업무혁신 및 조직재설계를 위한 직무분석(2000)
한국저작권위원회: 저작권 정보관리 및 서비스사업 평가(2016)
한국전력공사전력연구원: 전력연구원 비전성과지표 개발 및 시범평가(2005)
한국컨테이너부두공단: 성과중심의 연봉제 도입용역(2006)
한국프랜지공업: 신조직설계와 정원산정, 신인사 제도설계를 위한 직무분석(1995)
한국환경자원공사: 직무분석을 통한 조직재설계 방안 연구 및 직원만족도 조사(2005)
효성생활산업: 능력급 인사제도를 위한 직능자격제도 및 직무값 설계(1996)

■ 기타 연구과제 수행실적

경기도고양시: 홍보매체 효과성 분석 및 맞춤형 홍보용역(2016)
경기도광명시: 「광명비전2025」 광명시 장기발전계획수립 학술연구 용역(2007)
경기도여주군: 여주군 지역사회복지욕구 및 자원조사 연구용역(2006)
경기도이천시: 제2기 이천시 지역사회복지계획수립을 위한 학술연구 용역(2010)
당진시청: 농촌중심지활성화사업 예비계획서 작성용역(2014)
대전광역시중구청: 장수마을관리원에 대한 발전방안 용역(2006)
서광전기㈜: 기업성장전략개발을 위한 경영분석(1992)
서울산업진흥원: DMC 교통접근성 개선을 위한 교통실태 분석(2017)
성암그룹: 광주직할시 서구사업지 신사업 투자개발 연구(1992)
우정복지협력회: 정보통신수련원의 효율적인 관리 및 운영혁신방안 연구(2006)
우정사업본부: 위탁창구망 중장기 육성방안 연구용역(2006)
우정사업본부: 창구소포 활성화 추진방안 마련 연구용역(2016)
인천국제공항공사: 사회공헌 프로그램 성과측정 용역(2014)
전라남도화순군: 화순군 지역사회복지계획수립 학술용역(2006)
충남계룡시: 계룡시 대중교통 기본계획수립 및 교통약자 이동편의증진 용역(2008)

저자프로필

한국기상산업진흥원: 항공기상청 13~15년(3년)사업운영계획수립 용역(2013)
한국산업인력공단: 『시험의 면제기준 축소방안』 연구용역(2003)
한국저작권위원회: 2015년 저작권 비즈니스 활성화 지원사업 평가용역(2015)
한국저작권위원회: 2015년 저작권 기술 및 표준화사업 모니터링 및 성과평가 용역(2015)
한국저작권위원회: 2016년 저작권 비즈니스 활성화 지원사업 평가(2016)
한국저작권위원회: 국가디지털콘텐츠 식별체계(UCI) 사업평가 및 만족도 조사(2015)
한국전력기술㈜: 중장기 경영전략 Rolling 용역(2010)
한국전자통신연구원: 광기반 공정혁신 플랫폼의 산업체 지원 수요조사, 수요자 만족도 및 생산성 향상분석(2014)
한국정보화진흥원: 2010/2011년 정보화정책 연구성과 분석(2011)
한국환경공단: 한국환경공단 직급조정관련 직원 경력 확인 및 환산용역(2010)

품질관리 조직 실무능력개발 매뉴얼

초　　판 : 2018년 07월 12일
지 은 이 : 편창규
펴 낸 이 : 김정희
발 행 처 : 효산경영연구소 지식인력개발원
출판등록 : 1992. 6.16 제2-1392
주　　소 : 서울특별시 영등포구 63로 36, 5층(여의도동 리버타워)
전　　화 : 02) 561-0310
팩　　스 : 02) 561-9975
홈페이지 : www.hsojt.co.kr(교육), www.hyosan.re.kr(연구소)
저자상담 : ck55p@hyosan.re.kr

본서는 저작권으로 보호되고 있으므로 무단 복제, 인용 행위를 금지하며, 파본은 교환하여 드립니다.

정 가 9,000원　　　ISBN 978-89-87367-29-3
　　　　　　　　　　ISBN 978-89-87367-17-0(세트)